Albert Strobel

Trauer um Jerusalem
Jeremia - Klagelieder - Baruch

KBW VERLAG

KBW Verlag Stuttgart

Stuttgarter Kleiner Kommentar
– Altes Testament 11
Herausgegeben von
Gabriele Miller und Franz Josef Stendebach

ISBN 3-460-05111-6
Mit kirchlicher Druckerlaubnis
Rottenburg am Neckar, 6. April 1973
Generalvikar Dr. Knaupp
Imprimi potest Mainz, 26. Januar 1973
P. Dr. Norbert Hötzel OMI, Provinzial

Lektorat: Martha Buck
Gesamtherstellung: Georg Riederer, Stuttgart

Inhalt

Das Buch Jeremia

DAS BUCH JEREMIA

Einleitung

»Die Worte des Jeremia, des Sohnes Hilkijas, aus dem Priestergeschlecht von Anatot im Lande Benjamin. An ihn erging das Wort Jahwes in den Tagen des Joschija, des Sohnes Amons und Königs von Juda, im dreizehnten Jahr seiner Regierung: und weiter in den Tagen des Jojakim, des Sohnes Joschijas und Königs von Juda, bis zum Ende des elften Jahres des Zidkija, des Sohnes Joschijas und Königs von Juda, bis zur Wegführung Jerusalems im fünften Monat.« So lautet die Überschrift des Buches Jeremia. Sie gibt Aufschluß über die Person des Propheten und seine Herkunft. Andeutungsweise erfahren wir etwas über die Entstehung seines Buches, und der geschichtliche Hintergrund wird abgegrenzt.

1. Die Person des Propheten

Jeremia stammt aus einer priesterlichen Familie, die in Anatot, einem Ort viereinhalb Kilometer nordöstlich von Jerusalem, ihren Sitz hatte. Sein Vater hieß Hilkija. Da Salomo, nach 1 Kön 2,26f, den Priester Abjatar nach Anatot verbannte, wird vermutet, daß Jeremia von ihm abstammte, also einem Priestergeschlecht angehörte, das durch die Zadokiden aus dem Tempeldienst verdrängt worden war. Abjatar war der Ausrottung der Priesterschaft von *Nob* durch König Saul entgangen (1 Sam 22) und sein Vater Ahimelech war ein Nachkomme des Priesters Eli von Schilo (1 Sam 14,3; 22,11). Kein Wunder also, daß die Erinnerung an die alten Heiligtümer Schilo (Jer 7,14) und Nob aus dem Gebiet der Nordstämme weiterlebte, daß Jeremia zeitlebens eine gewisse Sympathie für das Nordreich Israel nicht verhehlen konnte. Ebenso läßt sich einigermaßen die Gegnerschaft der Priester und der Propheten von Jerusalem gegen den Priester aus Anatot erklären, aber auch die Unbefangenheit, mit der Jeremia eine wagemutige Kritik am Tempel und an seinem Kulte übte.

Anatot hat auch den Geist des Propheten geprägt. Die Bildersprache und die Gleichnisse seiner Reden stammen größtenteils vom Lande, wo er mit eigenen Augen beobachten konnte, wie man die Gärten bewässerte, wie man auf den Feldern Korn erntete, wie man Most und Öl gewinnen konnte.

Sein Geburtsjahr dürfte um das Jahr 650 liegen, denn die Berufung wird mit dem dreizehnten Jahr des Königs Joschija verbunden (627/626). Zu dieser Zeit wird er hebräisch *na'ar* genannt, mit anderen Worten ein junger Mann, der fähig ist, Waffen zu tragen. Mit Recht kann man daher annehmen, daß Jeremia bei der Berufung ungefähr zwanzig Jahre alt war.

Neben seiner traditionsgebundenen Vorliebe für die Stämme des Nordreiches hat er auch eine unleugbare Beeinflussung durch den Propheten Hosea mit in die Hauptstadt Judas gebracht. Hosea verkündete dem Wohlfahrtsstaat Israel den Untergang. Für Jeremia war die Verwirklichung der Worte des Propheten geschichtliche Vergangenheit. In seiner Berufung, ein Jahrhundert später, wurde ihm die gleiche Botschaft für das Südreich zuteil. Ganz natürlich ergeben sich in den Themen und in der Ausdrucksweise beider Propheten viele Berührungspunkte. Beide vergleichen das Volk Israel mit einer Braut und beschreiben seinen Abfall von Gott wie einen Ehebruch und seinen Götzendienst wie das Buhlen einer Dirne. Für beide bedeutet der Wüstenaufenthalt die Idealzeit Israels.

2. *Die Entstehung des Buches*

Die einleitenden Worte zum Buch Jeremia bilden eine zweiteilige Überschrift. Der erste Teil (1,1-2) bezieht sich auf eine Sammlung von Jeremiaworten aus der Zeit des Königs Joschija. Der zweite Teil (1,3) fügt die Zeit der Könige von Jojakim bis Zidkija hinzu, also bis zur Zerstörung Jerusalems. Er ist offenbar hinzugefügt worden, als die erste Sammlung der Worte aus der Frühzeit um die späteren Worte bereichert wurde. Er berücksichtigt nicht die Worte des Propheten nach der Zerstörung der Stadt und seinen Aufenthalt in Ägypten.

Aber selbst über den uns überlieferten letzten Stand des Buches haben wir zwei verschiedene Fassungen. Neben dem sogenannten hebräischen *Masoretentext* haben wir auch die griechische Übersetzung der *Septuaginta.* Die Fremdvölkersprüche des hebräischen Textes (46–51) stehen in der Septuaginta nach Kapitel 25, und die erzählenden Abschnitte (26-45) bilden den Abschluß des Buches. Außerdem ist der griechische

Text um ein Achtel kürzer als der hebräische. Auch die neuesten Funde der Qumranfragmente bestätigen, daß es neben dem durch die Masoreten überlieferten Text noch einen anderen hebräischen Text gab, der den griechischen Übersetzern als Vorlage gedient hat.
Das allein schon beweist zur Genüge, daß das Buch Jeremia, wie auch viele andere Bücher des Alten Testaments, nicht aus einem Guß entstanden ist. Das hängt auch mit der Praxis der prophetischen Verkündigung zusammen. Ursprünglich handelt es sich um eine Wortverkündigung, die vor ihrer Niederschrift mündlich überliefert wurde. Zu bestimmten Zwecken wurden Worte in Sammlungen gruppiert und niedergeschrieben, später mit anderen Sammlungen verbunden und teilweise aktualisiert, bis schließlich das Buch fixiert wurde.
Für das Buch Jeremia haben wir wertvolle Hinweise in Kapitel 36. Dort wird berichtet, daß Jeremia im Jahre 605 dem Baruch eine Sammlung von Sprüchen »über Jerusalem, Juda und alle Völker« diktiert, Sprüche, die er seit dem Jahre 626 gesprochen hat. Diese Sammlung wird im folgenden Jahr (604) dem König vorgelesen, der die jeweils vorgelesene Kolumne von der Rolle abschneidet und verbrennt. Daraufhin diktiert Jeremia die Rolle aufs neue, und es wurden noch viele ähnliche Worte hinzugefügt (36,32).
So erfahren wir, wie die erste Sammlung von Jeremiaworten unter dem Diktat des Propheten selbst entstand. Diese »Urrolle« war gewiß nur ein kleiner Teil des heutigen Buches. Diesen Text genau zu bestimmen, wird wohl immer ein fragwürdiges Unternehmen bleiben, weil wir nicht wissen, wann die in V. 32 genannten Erweiterungen hinzugefügt wurden noch wie umfangreich sie waren. Vermutlich sind die Worte dieser Urrolle in Kapitel 1-25 enthalten, in denen die Verkündigung unter Joschija und Jojakim gesammelt ist. Da aber die Nachricht von der Urrolle nur von Drohworten spricht (36,2.29), wären die Heilsweissagungen auszuklammern. Ebenso die Aufzeichnungen persönlicher Art (die »Bekenntnisse«), die für Freunde oder einen engeren Jüngerkreis bestimmt waren. Außerdem die Worte, die einen bestimmten Adressaten haben (Könige, Propheten).
Wir dürfen vermuten, daß Baruch, der in den Jahren 605–586 der ständige Begleiter des Propheten war, in der Hauptsache an den in 36,32 genannten Erweiterungen beteiligt ist. So konnte er die Drohworte, die nach 605/604 gesprochen wurden, hinzufügen; ebenso die

Sprüche gegen die Könige und Propheten; schließlich die »Bekenntnisse« nach dem Tode Jeremias.
Neben dieser Tätigkeit als Werkzeug des Propheten dürfte Baruch selbst über das Leben und die Leiden seines Meisters geschrieben haben, nämlich die vielen Er-Berichte und besonders den Bericht über das Ergehen Jeremias bei der Belagerung Jerusalems.
Das sind die Vermutungen, die man über das Werden des Buches anstellen kann. Jedenfalls hat es Baruch in Ägypten (43,6) fertiggestellt, von dort kam es über Jerusalem nach Babel, wo es wahrscheinlich neu geordnet im Synagogengottesdienst gebraucht und mit einigen Zusätzen aktualisiert und bereichert wurde. Am Ende des Exils konnte dann ein Redaktor die verschiedenen Sammlungen in Buchform herausgeben.
Die hebräische Fassung des Buches ist heute folgendermaßen gegliedert:

a) Prophetenworte gegen Juda und Jerusalem aus der Zeit des Joschija bis zur Zeit des Zidkija (1-25);
b) vorwiegend Erzählungen des Baruch über den Propheten und seine Tätigkeit (26-45);
c) Sprüche über die Fremdvölker (46-51);
d) geschichtlicher Anhang (52).

3. *Der weltgeschichtliche Hintergrund*

Mit dem Hinweis auf die Könige von Juda gibt die eingangs erwähnte Überschrift den geschichtlichen und politischen Hintergrund der Tätigkeit des Propheten. Wenn man von allen Propheten sagen kann, daß sie politisch engagiert waren, so gilt das in besonderer Weise von Jeremia. Da die Überschrift die Verkündigung des Propheten von Anatot mit der Zerstörung Jerusalems im elften Jahr des Königs Zidkija enden läßt, ist offensichtlich ausgesagt, daß seine Tätigkeit durch dieses Ereignis bedingt war und mit seinem Eintreffen beendet wurde. Dieses Ereignis ist aber ein Geschehen, das mit der Weltgeschichte des antiken Orients verbunden war. Ohne eine wenigstens summarische Kenntnis dieser Geschichte kann man die Wirksamkeit des Propheten nicht voll erfassen.
Durch seine geographische Lage zwischen Ägypten im Süden und Mesopotamien im Nordosten war das Geschick Israels von diesen

Völkern, die abwechselnd die Vorrangstellung einer Weltmacht gespielt haben, immer wieder bestimmt worden. Als Jeremia das Licht der Welt erblickte, war Juda ein Vasallenstaat (in Abhängigkeit) des assyrischen Reiches, das unter *Assurbanipal* (668-626) seinen Höhepunkt erreicht hatte. Nach dem siegreich geführten Feldzug im Jahre 663 gegen Ägypten war die Macht Assyriens gefestigt, und Assurbanipal konnte sich als Friedenskönig betätigen. Er baute den Königspalast in seiner Residenzstadt Ninive und legte die berühmte Keilschriftbibliothek an, für die er die Werke der akkadischen Literatur (ostsemitischen Sprache) abschreiben ließ. Dieser Glanz war aber nur ein letztes Aufleuchten der assyrischen Kultur. Assurbanipal starb im Jahre 626. Unter seinen Nachfolgern, zuerst *Assur-etil-ilâni* und später dessen Bruder *Sin-schar-ischkun*, verfiel das Reich immer mehr. Schon im Jahre 625 machte sich Babylonien selbständig unter dem Chaldäer Nabopalasar, dem Begründer des neubabylonischen Reiches. Zugleich kamen aus dem iranischen Gebirge die Meder unter der Führung des Königs Kyaxares, der das Zentrum der assyrischen Macht bedrohte, und aus den südrussischen Steppen kam ein skythisches Erobervolk, »das zwar kaum ein bestimmtes Ziel planvoll verfolgte, aber doch gefahrdrohend an den Rändern des Zweistromlandes auftauchte und damit auch seinerseits dem assyrischen Reich schwer zusetzte« (M. Noth). Diesen drei Mächten ist Assyrien erlegen.

Über das Ende des assyrischen Reiches berichtet die sogenannte »Babylonische Chronik«, die von G. J. Gaad im Britischen Museum entdeckt und im Jahre 1923 unter dem Titel »The Fall of Ninive« veröffentlicht wurde. Sie stellt die wichtigsten Ereignisse für die Jahre 616-609 zusammen:

612: Fall von Ninive, erobert durch die vereinten Babylonier, Meder und Skythen. Tod von Sin-schar-ischkun. In Haran macht sich ein gewisser *Assur-uballit* zum König.

610: Eroberung von Haran durch die Babylonier und Skythen. Flucht des Assur-uballit, der im folgenden Jahre

609: Haran mit Hilfe der Ägypter zurückerobern wollte, doch vergebens.

So erscheint das durch Assyrien von der Weltbühne verdrängte Ägypten als die Stütze des Siegervolkes. Im Jahre 609 bestieg Necho, der Sohn Psammetich I., den Thron der Pharaonen. Als ihn der geschlagene Assur-uballit zu Hilfe rief, mag er geglaubt haben, eine günstige Gelegenheit benutzen zu können, um den Weltreichgedanken Ägyptens wieder zu verwirklichen. Auf seinem Feldzug nach Norden besiegte er den König Joschija von Juda bei Megiddo und konnte für einige Jahre die politischen Geschicke von Syrien-Palästina bestimmen. Aber der neubabylonische König war nicht gewillt, dem Ägypterkönig dieses Land zu überlassen. Im Jahre 605 besiegte der Kronprinz *Nebukadnezzar* den Pharao Necho und beendete die ägyptische Herrschaft über Syrien-Palästina, das nun in den Einflußbereich des neubabylonischen Reiches geriet. Während seiner ganzen Regierungszeit (604 bis 562) beherrschte Nebukadnezzar das politische Geschehen in Palästina. Und weil der König von Juda die Warnungen des Propheten Jeremia in den Wind schlug und sich einer von Ägypten geschürten Aufstandsbewegung anschloß, vollendete sich auch das von Jeremia geweissagte Schicksal Judas mit der Zerstörung Jerusalems im Jahre 586. In diesem Rahmen der Weltgeschichte und eng mit ihr verbunden, vollzog sich die Tätigkeit des Propheten in Jerusalem. Deshalb wird der Kommentar nicht der Reihenfolge der Kapitel des Buches Jeremia folgen. Er wird, soweit als möglich, die einzelnen Texte chronologisch in die Entwicklung der Geschichte einordnen und so das Verständnis erleichtern. Dadurch wird auch offenbar werden, wie Jeremia am Anfang seiner Wirksamkeit die Katastrophe vorausahnte und zur Umkehr mahnte, weil eine Rettung ihm noch möglich schien, wie er im Jahre 609 durch die Schlacht von Karkemisch den Namen des »Feindes aus dem Norden« erkannte, bis er schließlich einsah, daß eine Umkehr und Rettung nicht mehr möglich war.

Die Marksteine dieser Geschichte sind folgende:

Erster Teil: Von der Berufung bis zum Tod des Joschija (626-609)
Zweiter Teil: Unter dem ägyptischen Protektorat (609-605)
Dritter Teil: Von der Schlacht bei Karkemisch bis zur ersten Belagerung Jerusalems (605-597)
Vierter Teil: Unter Zidkija bis zur Zerstörung Jerusalems (597-586)
Fünfter Teil: Das Trostbuch Israels und das Ende des Propheten.

Erster Teil
Von der Berufung bis zum Tod des Joschija (626—609)

Im Jahre 722/721 wurde das Nordreich Israel von der aufsteigenden Macht Assyriens erobert und dem Reich als Provinz einverleibt. Hiskija, der König von Juda, kam, nach der Belagerung Jerusalems durch Sanherib im Jahre 702, mit einer Tributzahlung davon. Sein Sohn Manasse (693-642) blieb sein Leben lang ein treuer Vasall des Assyrerkönigs. Das bescherte dem Land eine lange Friedenszeit. Die Religion aber litt schweren Schaden, denn die Unterwerfung des Manasse zog auch die Übernahme der Götterkulte des fremden Herrschers mit sich, so daß sich in Juda ein gefährlicher religiöser Synkretismus (Vermischung verschiedener Religionen) ergab (2 Kön 21,3-6). Nach einer zweijährigen Regierungszeit wurde Amon (642-640), der Sohn des Manasse, ermordet und sein achtjähriger Sohn Joschija von der Landbevölkerung als König eingesetzt.
Während der Minderjährigkeit Joschijas geschah nichts Entscheidendes in der Politik des Landes, und die religiösen Mißstände der Manassezeit dauerten an. Doch am Horizont bahnte sich der Niedergang des assyrischen Reiches an. Wahrscheinlich war die religiöse Bildung des Königs in die Hand der Priester gelegt, denn seine spätere eigenmächtige Politik zielte auf eine religiöse Reform hinaus.
Nach Jer 1,2 war es im dreizehnten Jahr des Königs Joschija, als dieser einundzwanzig Jahre alt war, daß Jeremia die Berufung Gottes zum Prophetenamt vernahm, also im Jahre 627.

I. Das Erlebnis der Berufung

Der Prophet selbst hat uns sein Berufungserlebnis in *1,4-19* erzählt. Allerdings handelt es sich nicht um ein einmaliges Erlebnis, sondern um mehrere, die deutlich voneinander abgegrenzt sind: Die Berufungsvision (1,4-10), der Mandelstab (1,11f), der dampfende Kessel (1,13-16), der letzte und entscheidende Aufruf Gottes (1,17-19). All das läßt erkennen, daß Jeremia längere Zeit mit Gott und mit sich selbst gerungen hat, bis er sich entschloß, der Berufung zu folgen.

1. Die Berufungsvision (1,4-10)

4 Und das Wort Jahwes erging an mich:
5 »Ehe ich dich im Mutterleib bildete, erwählte ich dich,
ehe du aus dem Mutterschoß kamst, weihte ich dich,
zum Propheten für die Völker mache ich dich«.
6 Da sagte ich: »Ach, Herr Jahwe, ich bin kein Redner,
ich bin ja zu jung«.
7 Aber Jahwe sprach zu mir:
»Sage nicht: Ich bin zu jung!
Ja, zu wem immer ich dich sende, sollst du gehen,
was immer ich dir befehle, sollst du reden!
8 Fürchte dich nicht vor ihnen,
denn ich bin dir zur Seite, dich zu retten.« –
Spruch Jahwes!
9 Und Jahwe streckte seine Hand aus und berührte meinen Mund
und Jahwe sprach zu mir:
»Siehe, ich lege meine Worte in deinen Mund!
10 Schau! Ich gebe dir heute Vollmacht
über die Völker und über die Königreiche
auszureißen und einzureißen,
aufzubauen und einzupflanzen!«

In dieser Berufungsvision sind nur die Worte Jahwes rhythmisiert, und V. 4 ist Einleitung dazu.

Jeremia erlebt die feierliche Stunde seiner Berufung wie eine Offenbarung der Gedanken Gottes: »Ehe ich dich im Mutterleib bildete«. Diese Gedanken sind eine Erwählung, eine Weihe und eine Bestimmung.

Daß Gott den Propheten »erkannte«, bedeutet in der Sprache der Bibel nicht nur eine Erkenntnis, sondern eine Kenntnisnahme mit dem Willen der Auserwählung, etwa wie Gott bei Amos 3,2 von den Söhnen Israels sagt: »Nur euch erkannte ich von allen Sippen der Erde«.

Diese Erwählung ist begleitet von einer Weihe, die Jeremia aus der Welt herausnimmt und in den Dienst Gottes oder in die Gemeinschaft mit Gott hineinstellt. Wenn einer der Propheten diese Absonderung schmerzlich verspürt hat, dann war es Jeremia. In einer großen Not wird er später im Gebet klagen: »Vor deiner Hand saß ich einsam« (15,17).

Die Auserwählung und Weihe geschieht im Hinblick auf eine Sendung: »Zum Propheten für die Völker bestimme ich dich!« Also eine universale Sendung, die sich nicht auf das Volk Israel beschränkt. Nie war eben das Schicksal Israels so eng mit der Weltgeschichte verbunden: Im Jahre der Berufung des Propheten stirbt Assurbanipal, der Herrscher des Weltreichs Assyrien. Wolken steigen am politischen Horizont auf. In dieser Situation zeichnet Jeremia mit seherischer Sicherheit die Schicksalswege der Völker im Hinblick auf den Schicksalsweg Israels, weil er weiß, daß Jahwe der unfehlbare Lenker der Weltgeschichte ist. In V. 6 beschreibt Jeremia die Reaktion, die diese Erkenntnis in ihm ausgelöst hat. Es ist ein Erschrecken: »Ach, Herr Jahwe!« Er fühlt sich der Aufgabe nicht gewachsen, weil er sich nicht als Redner begabt fühlt und weil er zu jung ist. Denn im Orient schweigt die Jugend; es spricht das Alter, das Erfahrung besitzt.

In den folgenden Versen wird die Antwort Gottes gegeben. Schon in diesem ersten Zwiegespräch mit Gott muß Jeremia erkennen, daß Gott keine Widerrede duldet, daß er sie nicht einmal berücksichtigt. Vielmehr wird der Befehl eingeschärft und damit begründet, daß Gott seinen Propheten nicht im Stiche läßt. Dann folgt die einzige Handlung, die eine visionäre Erscheinung voraussetzt: Jahwe streckte seine Hand aus und berührte seinen Mund: Ein symbolischer Akt für die Übertragung des Prophetenamtes. Der Prophet ist nämlich der Beauftragte Gottes, Gericht und Heil, Zerstörung und Aufbau für die Völker zu verkünden.

Das ist der Selbstbericht des Propheten über sein Berufungserlebnis. Es ist eine objektiv-reale Gotteserfahrung, in der er die Gegenwart Jahwes erlebt und seine Sendung vernimmt. Es ist ein Geschehen, das historisch genau datierbar ist: Im dreizehnten Regierungsjahr des Königs Joschija! Es gibt Berufungen, die sofort bejaht und wirksam werden. Die Bedenken, die Jeremia in dieser ersten Vision angemeldet hatte, scheinen aber angehalten zu haben. Zwei weitere Offenbarungserlebnisse lassen durchblicken, daß die erste Begegnung mit Jahwe ihn nicht endgültig gewonnen hat.

Dabei bleibt die Frage offen, ob es neue objektiv-reale Gotteserfahrungen waren wie die Berufungsvision, oder nur Erleuchtungen, die sich bei der Betrachtung über seine Sendung an äußere zufällige Wahrnehmungen geknüpft haben.

2. *Der Mandelbaumstab und der siedende Kessel (1,11-16)*

Im ersten Erlebnis sieht Jeremia einen Mandelbaumstab, hebräisch: *makkel schaked.* Jahwe antwortet mit einem Wortspiel: *ki schoked 'ani:* Ich wache selbst ... Der Spruch kann als Drohung für das Volk verstanden werden: Jahwe läßt die Gerichtsverkündigung seines Propheten in Erfüllung gehen. Da aber Jeremia den Spruch mit der Berufungsvision verbunden hat, scheint er ihn als eine Mahnung aufgefaßt zu haben, die ihn zur Verkündigung aufrütteln sollte.

Wenn es sich hier um ein sinnlich-konkretes Erlebnis handelt, dann wird offenbar, wie Jeremia so sehr vom Gedanken an seine Berufung erfüllt war, daß er an den Blick auf einen nichtssagenden Gegenstand die Erleuchtung eines Gotteswortes knüpfen konnte. War es aber eine »innere Schau«, dann wird die Unerbittlichkeit des berufenden Gottes besonders betont.

In der folgenden Schau sieht Jeremia einen auf dem Feuer stehenden Kessel, der in der Richtung Nord-Süd geneigt ist, so daß der überkochende Inhalt nach Süden überläuft. Den Sinn erläutert die Gottesrede in V. 14-16. Wie im Kessel der Inhalt überkocht, so überkocht im Norden das Unheil und ergießt sich über die Südvölker. In V. 15 folgt die Deutung ohne Bild: Die Großreiche des Nordens werden kommen und Jerusalem belagern. Der Name des Volkes aus dem Norden wird noch nicht genannt. Aber Jeremia konnte schon Nachricht erhalten haben über die Aufstandsversuche der Babylonier, der Meder und der Skythen, die an den Grenzen Assyriens lauerten.

Wichtig ist in V. 16 die Bemerkung, daß die Nordvölker im *Auftrag Jahwes* handeln: Das Unheil kommt von Jahwe und es wurde weniger vom Großkönig als von der Sünde Judas verursacht. Diese Sünde ist der Abfall von Gott, Hauptthema der Verkündigung des Propheten.

Wie lange Jeremia mit sich selbst gerungen hat, wissen wir nicht. Aber eines Tages ergeht an ihn ein eindeutiger Befehl Gottes, den Auftrag zu verwirklichen.

3. *Letzter Aufruf Gottes (1,17-19)*

17 Du aber, gürte deine Hüften:
Tritt auf und rede zu ihnen
alles, was immer ich dir befehle!
Erschrick nicht vor ihnen,
sonst schreck' ich dich vor ihren Augen!
18 Und siehe, ich mache dich heute zur Festung,
zur eisernen Festung und ehernen Mauer
wider das ganze Land:
Wider die Könige Judas, wider seine Beamten,
wider seine Priester und wider das Volk des Landes!
19 Sie werden gegen dich kämpfen, aber dich nicht bezwingen,
denn ich bin bei dir, dich zu erretten! – Spruch Jahwes.

Wie sich der Krieger zur Schlacht rüstet (1 Kön 20,11), so soll Jeremia seine »Hüften gürten«. Er soll den Kampf mit seinem Volk aufnehmen, denn der Krieg der Nordvölker ist einstweilen noch in der Ferne. Die Gottesfurcht muß ihm helfen, seine eigene Furcht zu überwinden.

Nach der Aufforderung zum Gehorsam gibt Jahwe die Verheißung seines Beistands: Er wird ihm die Sicherheit geben. Dies wird bildlich in Vergleichen aus dem Kampf ausgedrückt: Jeremia wird zur Festung, zur eisernen Säule, zur ehernen Mauer. Er wird allein wie ein lebendiger Wall gegen seine Landsleute und gegen die Träger der Macht stehen.

Den Abschluß dieser Gottesrede bildet die Verheißung der göttlichen Hilfe: *»Denn ich bin mit dir!«*. Jeremia hat diese Versicherung schon in der Berufungsvision erhalten (1,8), und sie begleitet ihn durch das Leben (15,20; 20,11). Das ist das Trostwort, das so viele gottgesandte Männer in ihrer Berufung gestärkt hat (Ex 3,12; Dtn 31,8.23; Jes 1,5). Im Vertrauen auf diese Verheißung wird nun Jeremia den Kampf aufnehmen. Aber immer wieder werden auch Zweifel aufkommen, wenn der Erfolg ausbleibt. Zweifel einer großen Seelennot, wenn er gerade in dieser Verheißung eine Irreführung sehen wird: »Du hast mich verführt, Jahwe!« (20,7-9).

4. Die Sendung im Bild der Töpferarbeit (18,1-12)

Eines Tages kommt der Prophet, geführt durch ein Wort Gottes, in eine Töpferei, vielleicht in Anatot. Er sieht dem Töpfer bei der Arbeit zu, wie dieser Gefäße formt, wie er sie zerdrückt, wenn sie mißraten und mit der Tonmasse von neuem beginnt. Eine Gottesrede erklärt den Inhalt des Bildes:

6 »Kann ich nicht wie dieser Töpfer mit euch verfahren, Haus
Israel?« – Spruch Jahwes. »Siehe, wie der Ton in des Töpfers Hand,
so seid ihr in meiner Hand, Haus Israel! 7 Bald teile ich einem
Volke oder Reiche mit, daß ich es entwurzele, einreiße und vernichte.
8 Bekehrt sich aber jenes Volk, gegen das ich gesprochen habe, von
seiner Bosheit, dann laß ich mich des Unheils gereuen, das ich ihm
angedroht habe. 9 Bald verheiße ich einem Volk oder Reich, daß ich
es aufbaue oder pflanze. 10 Tut es aber, was in meinen Augen böse
ist, statt daß es meiner Stimme gehorcht, dann laß ich mich des Guten
gereuen, von dem ich gesagt hatte, daß ich es tun wollte.«

V. 11f fügt die Nutzanwendung für das Volk von Juda hinzu: Weil das Volk das Heilsangebot Jahwes mißachtet, wird er mit ihm verfahren wie der Töpfer mit dem mißratenen Gefäß. Es handelt sich also um eine Gerichtsankündigung.

Der Gottesspruch setzt voraus, daß Juda noch gerettet werden kann. Das deutet auf die ersten Jahre der Tätigkeit des Propheten. Er war gesandt, auszureißen und einzureißen, aufzubauen und einzupflanzen. Beim Töpfer erhält Jeremia die Erleuchtung, worin die Sendung besteht, nämlich die universale Gerechtigkeit Gottes zu verkünden. Für Juda, wie für jedes Volk, bleibt die Möglichkeit sich zu bekehren, um dem Gericht zu entgehen. Diese Möglichkeit bleibt offen, solange die Katastrophe nicht eingetroffen ist. In diesem Sinne wird Jeremia seine Botschaft bis zum letzten Tag vor der Zerstörung Jerusalems verkünden, auch wenn er weiß, daß sein Reden umsonst ist.

II. Die Themen der ersten Verkündigung

Über die frühere Tätigkeit des Propheten berichten besonders die Kapitel 1-6. Die großen Themen seiner Verkündigung sind: Abfall und Götzendienst, falsche Politik, der drohende Krieg und eine Hungersnot.

1. Abfall und Götzendienst

Am Beginn des zweiten Kapitels steht ein kurzes Gedicht (2,1-3) über die Auserwählung Israels. Es wird oft als erste Strophe des folgenden Gedichtes angesehen. In Wirklichkeit handelt es sich um eine Einleitung zu allen Gedichten über den Abfall, denn das Bild von der Liebeshingabe der Brautzeit soll die Jugendzeit Israels heraufbeschwören, da es treu seinem Gott in der Wüste folgte, im Gegensatz zum späteren Abfall. Auf die Einleitung folgt der Vierzeiler:

2 Ich weiß um deine Jugendtreue, um deine Liebe als Braut:
Du folgtest mir in der Wüste, im Lande ohne Saat.
3 Heilig war Israel Jahwe, seine Erstlingsfrucht.
Wer immer davon aß, mußt' es büßen: Unheil traf ihn!

Das doppelte Bild von dem Liebesverhältnis der Brautzeit und von der Erstlingsfrucht schildert die Auserwählung Israels durch Jahwe und bildet einen wirkungsvollen Gegensatz zum Undank des Volkes, das von seinem Gott abgefallen ist. Man sieht darin eine Nachwirkung der Verkündigung des Hosea (1-2), der als erster der Propheten den Ehebund als Bild für den Bund zwischen Jahwe und Israel gebraucht hat.

Jeremia hat sich leidenschaftlich gegen den Abfall von Gott und gegen den Götzendienst eingesetzt. Alle Register der Redekunst hat er gezogen, um seine Volksgenossen zur Umkehr und zur Buße zu mahnen. Ein erstes Gedicht enthält eine Rede Jahwes im Stil der Anklagerede in einer Gerichtsverhandlung (2,4-13). Der einleitende Doppelvers schildert die Missetat:

Was fanden eure Väter Übles an mir, daß sie von mir gingen und folgten dem Nichts, und wurden selbst zunichte?

Das »Nichts« (hebr.: *hebel* = Hauch) ist eine von Jeremia bevorzugte Bezeichnung für die Götzen: Sie sind ein »Hauch«, ein Nichts, weil sie nichts nützen.

Es folgt die Beweisführung in drei Punkten (6-11):

1. Die Wohltat Gottes an den Vätern (Auszug aus Ägypten, Wüstenwanderung, Landnahme Kanaans) wird nur mit Undank belohnt.
2. Priester, Propheten, Gesetzeshüter und Führer des Volkes (Hirten) haben das schlechte Beispiel gegeben (8-9).
3. Die Größe des Undanks wird dadurch betont, daß nicht einmal die Heiden ihre Götter vertauschen (10-11).

Im Abschluß wird die Größe des Verbrechens eindringlich vor Augen gestellt:

13 Zwiefach Sünde tat mein Volk: Mich verließen sie, den Quell lebendigen Wassers, um sich Brunnen zu graben, durchlöcherte Brunnen, die kein Wasser halten.

Der Tausch des wahren Gottes mit den Götzen wird mit dem Umtausch einer lebendigen Quelle für rissige Zisternen verglichen. In einem Lande, wo das Wasser eine Lebensfrage ist, mußte das Bild sehr eindrucksvoll sein.

Ein ähnliches Gedicht über den Abfall findet sich im Kontext des Besuches beim Töpfer (18,13-17). Die kurze Einleitung (V. 13) erinnert an die vorhergehende Klage Jahwes, daß nicht einmal die Heiden so etwas tun. Sofort aber wird ein neues Motiv eingeführt aus dem Geschehen der Natur (V. 14). Vier Beispiele zeigen, wie die Naturgesetze sich stets treu bleiben: Die Steine auf dem Acker, der Schnee auf dem Libanon, die fließenden Bäche und sprudelnden Quellen:

14 Schwinden die Steine vom Feld, der Schnee vom Libanon?
Versiegen strömende Bäche, sprudelnde Quellen?
15 Mein Volk aber hat mich vergessen, dem Nichts räuchern sie.
Sie mühen sich ab, ewige Nomaden,
um Abwege zu gehen, eine ungebahnte Straße!

Das Volk Gottes geht lieber zu den Altären der »Nichtse« als zu den Altären Jahwes. So mühen sie sich ab, wie ewige Nomaden, indem sie Irrwege gehen, eine ungebahnte Straße, statt auf dem Weg des Bundes, den Jahwe mit dem Volk vereinbart hatte.

Die letzte Strophe (16-17) verkündet die Strafe: Das Land, das Jeremia vorher (2,7) ein Gartenland genannt hatte, wird in eine Wüste verwandelt werden!

In den vorhergehenden Texten spricht Jeremia nur andeutungsweise vom Götzendienst. In 2,20-28 erfahren wir aber Näheres, denn er brandmarkt darin die Praktiken der kanaanäischen Natur- und Volkskulte. Da ist die Rede von kultischer Prostitution, von Baum- und Steinkulten. Das Treiben der »Jungfrau Israel« wird in einer Fülle von Bildern geschildert, deren Anhäufung vielleicht ein Hinweis ist, daß das Gedicht eine Zusammenfassung einer längeren Verkündigung bietet. Israel ist ein störrisches Rind, eine Dirne, eine Weinrebe, eine Wäscherin, eine brünstige Kamelin, ein Mädchen, das den Fremden nachläuft. Dabei scheut er nicht die Derbheit im Ausdruck! Wie verbreitet der Götzendienst war, kann man aus dem Schlußvers ersehen:

> Zahlreich wie deine Städte sind deine Götter, Juda!
> Zahlreich wie die Gassen Jerusalems sind die Baalsaltäre!

2. *Die Irrwege der Politik*

Im Gegensatz zu seiner späteren Verkündigung scheint Jeremia in der Zeit des Joschija nur gelegentlich seine Meinung zur Politik geäußert zu haben, denn nur zwei Gedichte aus dieser Zeit zeugen von seiner politischen Einstellung. Für das Bundesvolk verlangt der Wille Gottes die politische Neutralität gegenüber den Großmächten.

Im ersten Gedicht (2,14-19) bekämpft er gleicherweise die pro-ägyptische wie die pro-assyrische Partei, weil beide ein Bündnis mit einer Weltmacht suchen. Das aber ist für ihn soviel wie Abfall von Jahwe, denn Israel ist das Bundesvolk Jahwes, der seine Unabhängigkeit garantiert. Es kann daher kein politisches Bündnis mit einer Großmacht eingehen, ohne gegen die Bundestreue zu verstoßen.

Im zweiten Gedicht (2,29-37) vergleicht Jeremia diese Bündnissucht mit den Liebschaften, die in den Augen Jahwes verbrecherisch sind, denn nach den Bundessatzungen darf das Volk nur auf Jahwe vertrauen, nicht auf politische Mächte. Das ist die politische Einstellung Jeremias in der Zeit des Joschija. Es war auch die Einstellung seiner Vorgänger, besonders des Jesaja und des Amos.

3. *Der drohende Krieg*

Wie alle Propheten hat auch Jeremia feststellen müssen, daß seine Mahnungen und Warnungen vor dem Abfall wenig Erfolg hatten. Wie alle Propheten erwartet auch er das unvermeidliche Strafgericht Gottes als Folge dieses Abfalls.

Das Strafgericht Gottes, das Jeremia verkündet, ist der Krieg. Die politische Lage der Zeit zwischen 626 bis 622 ist gekennzeichnet durch Unruhen in Ägypten und Babel. Diese Nachrichten konnten ihn erkennen lassen, wie das Strafgericht ausfallen wird. Aber aus seiner Berufungsvision wissen wir, daß er schon damals von einem drohenden *Feind aus dem Norden* wußte (Vision vom überkochenden Kessel). In Kapitel 4 sind mehrere Gedichte gesammelt, die auf dieses Strafgericht hinweisen. Einmal schildert der Prophet die Stimmung bei Kriegsalarm (5-8), dann die Verwirrung beim Einfall des Feindes (9-14):

Sieh! Wie eine Wolke steigt er hoch!
Seine Wagen sind wie der Sturm!
Schneller als Adler sind seine Rosse!
»Wehe uns! Wir sind verloren!« (V. 13)

Danach beschreibt der Prophet die Belagerung der Städte (15-18) und stimmt die Totenklage an (19-28), so sicher ist er, daß alles eintreffen wird. An diesem Tag werden die Verführungskünste der Dirne Jerusalem versagen (29-31):

»Nicht dich begehren die Buhlen, sie wollen dein Leben!«

In 6,1-8 gibt Jeremia eine dramatische Schilderung des Kampfes um die Eroberung Jerusalems: Man hört die Rufe der Flüchtlinge, es ertönen die Schlachtrufe des angreifenden Heeres und Jahwe spricht den Zerstörungsbefehl. In zwei anderen Gedichten wird der Feind näher bezeichnet, einmal als ein Volk aus der Ferne (5,15-17), dann wieder als ein Volk aus dem Norden (6,22-26):

Mit Bogen und Speer bewaffnet
sind sie hart und ohne Erbarmen.
Ihr Lärm braust wie das Meer.
Sie stürmen auf Rossen,
gerüstet ein jeder zum Kampf
gegen dich, Tochter Zion!

In keinem dieser Lieder nennt Jeremia den Feind mit Namen. Darum haben die Forscher diesen Namen in der Beschreibung der Kriegsführung zu erkennen versucht. Nach Herodot wären die Skythen zwischen den Jahren 630 und 625 in Palästina eingefallen, hätten Aschkelon geplündert und wären bis zu den Grenzen Ägyptens gekommen. Da aber die Nachricht historisch nicht einwandfrei ist, dachten andere an die Meder oder an die Chaldäer. Aber wahrscheinlich wußte nicht einmal Jeremia selbst, wie der Feind heißen wird, wenigstens in dieser früheren Zeit. So konnte er seine Beschreibung ähnlich dem gestalten, was man von den Skythen wußte und was man von den assyrischen Streitkräften erfahren hatte.

Bemerkenswert in diesen Kriegsliedern ist der immer wiederkehrende

Aufruf zur Besinnung und Buße (4,8.14.18; 6,8.26). Die Rufe »Laß dich warnen« oder »Wasche vom Bösen dein Herz« zeigen, daß eine Umkehr noch möglich, daß das Gericht abwendbar ist. Jeremia weiß, daß die Strafe des Gottesgerichtes nicht automatisch ausgelöst wird, solange noch eine Hoffnung auf Bekehrung vorhanden ist. Erst später, wenn auch der letzte Funken einer Hoffnung erloschen ist, wird er das Eintreffen des Strafgerichtes als unabwendbar bezeichnen.

4. Dürre und Hungersnot

Für die Propheten ist nicht nur der Krieg das Strafgericht Gottes. Auch Naturkatastrophen, besonders Dürre und Hungersnot, sind Gerichtsvollstrecker Gottes oder eindringliche Mahnungen an das betroffene Volk. Das hat auch Jeremia erkannt. Mehrmals hat er das Thema behandelt, und die Gedichte stehen im heutigen Buch teils im Kontext der ersten wie auch der späteren Verkündigung. Für eine Dürre in der Frühzeit des Propheten kommen folgende Texte in Frage: 5,20-25 und 14,1-16, während 8,18-23 und 14,17-15,4 einer späteren Zeit zuzuweisen sind, weil in der ersten Reihe die Strafe abwendbar erscheint, während in der zweiten Reihe das Gericht nicht mehr aufgehalten werden kann und Kriegsnot die Dürre begleitet.

5,20-25 ist eine Darstellung der Naturkatastrophen als Strafe Gottes. Gewiß hat Jahwe die segensreichen Ordnungen der Natur geschaffen, aber wenn das Volk Israel sich von den Ordnungen, die es durch die Bundesverpflichtung an Jahwe binden, zu befreien versucht, dann wird auch er die Naturordnung nicht einhalten. Darum ist die Aufhebung der segensreichen Ordnung des Früh- und Spätregens eine Strafe.

Der Text in 14,1-16 ist im Stil einer Liturgie gehalten: Er enthält ein Klagelied mit Fürbitte (1-9) und die göttliche Antwort (10-16). Im späteren Text (14,17-15,4), der im selben Stil gehalten ist, wird der Klage nicht nur die Dürre, sondern auch die Kriegsnot hinzugefügt, und die Antwort Gottes ist eine ausdrückliche Absage an die Fürbitte des Propheten:

Selbst wenn Mose und Samuel vor mein Antlitz träten, würde mein Herz sich diesem Volk nicht mehr zuwenden: Schicke sie weg von mir, daß sie gehen!

Auch in der früheren Antwort Gotes (14,11) hatte Jeremia gehört:

»Bete nicht für dieses Volk zum Guten!« Aber Gott hatte die Fürbitte des Propheten zugelassen, das bedeutet, daß in jener Zeit das Strafurteil immer noch durch die Haltung des Volkes bedingt war.
Schon in dieser ersten Tätigkeit konnte Jeremia feststellen, wie wenig Erfolg seiner Verkündigung beschieden war. Aber es war ja der Wille Gottes, der ihn zum öffentlichen Auftreten bewogen hatte. Kein Wunder, daß er mehrmals an der Zweckmäßigkeit seiner Verkündigung zu zweifeln begann. Dann nahm er seine Zuflucht zum Gebet, zum Zwiegespräch mit seinem Gott. Es handelt sich hier um Texte, die nicht für die Verkündigung vor dem Volk bestimmt waren, eher für Freunde oder Schüler, die der Prophet um sich geschart hatte. Nur so ist es erklärlich, daß Berichte über seine seelischen Vorgänge erhalten geblieben sind.

III. Aus dem Herzen des Propheten

Keiner der Propheten gibt uns einen so tiefen Einblick in das Innerste seiner Seele wie Jeremia. Immer wieder stößt der Leser auf »Bekenntnisse«, in denen Jeremia die Regungen seines Herzens offenbart; hier kann man die Entfaltung der Persönlichkeit des Propheten ablesen, der mehr als jede andere Gestalt des Alten Testaments zum Typus des leidenden Christus geworden ist. Um diese Entwicklung sichtbar zu machen, lohnt es sich, die Bekenntnisse in ihrer chronologischen Folge zu lesen.
Die Berichte aus der Frühzeit sind eher eine Vorstufe zu den eigentlichen Bekenntnissen: Noch hören wir keine Töne der Verzweiflung. Aber schon läßt Jeremia erkennen, wie eng seine Gemeinschaft mit Gott geworden ist und wie der sich abzeichnende Leidensweg seines Lebens jetzt schon von einer gewissen Niedergeschlagenheit überschattet wird.
Die Intimität seiner Gemeinschaft mit Gott äußert sich darin, daß seine Berichte über seelische Empfindungen vorwiegend in einem Dialog mit Gott ihren Ausdruck gefunden haben.
Worüber Jeremia mit Gott spricht, sind die Themen seiner Verkündigung. In einem längeren Gedicht (5,1-14) klingen folgende Motive an: Abfall von Gott und Verstocktheit, Götzendienst, Krieg und Hun-

gersnot. Und wie ein Refrain klingt immer wieder das Thema des Gerichtes an. Der Prophet bekennt vor Jahwe, daß sein Bemühen erfolglos ist. Eine Meinungsumfrage würde nicht einen Gerechten finden, der die Treue halten will. In einem Monolog berichtet er, wie er sich selbst die Schuld des Mißerfolges zugeschrieben hat: vielleicht hat er sich zu sehr an das kleine Volk gehalten, das Jahwes Gesetz nicht so gut verstehen kann, vielleicht bringen die Gebildeten mehr Verständnis auf. Doch, mußte er feststellen, gerade sie zerbrechen das Joch mit Wissen und Willen.

Die Tatsache des Götzendienstes und der sich daraus ergebenden sittlichen Verkommenheit ist so offenbar, daß sie nur in einer Rede Jahwes behandelt wird. Auf die Frage Gottes: »Warum sollte ich vergeben?« weiß auch Jeremia keine Antwort.

Schließlich erinnert der Prophet daran, daß man seiner Verkündigung über Krieg und Hungersnot kein Gehör geschenkt hat. Ja, man hat ihn lächerlich gemacht: Die Worte vom Gericht sind nur Wind!

Ein anderes Zwiegespräch behandelt soziales Unrecht (5,26-31). Während bei den früheren Propheten dieses Thema sehr oft angeschnitten wird, ist es bei Jeremia selten. Daß aber davon in einem Gespräch mit Gott die Rede ist, beweist, daß auch er darüber gesprochen hat.

Im Dialog 6,9-15 unterhält sich Jeremia mit Jahwe über seinen Mißerfolg. Im Bild der Nachlese fordert ihn Gott auf, alles zu tun, damit seine Sendung erfüllt werde.

Die Antwort verrät eine grenzenlose Niedergeschlagenheit: Niemand hört ihn an! Als dann Jahwe seinen Zorn ausspricht, antwortet er wie ein Echo: er selbst fühlt sich erfüllt von Jahwes Grimm.

Die Sammlung der Worte Jeremias aus der Frühzeit wird mit einem Dialog abgeschlossen (6,27-30). Jahwe spricht:

»Zum Prüfer bestellte ich dich in meinem trutzigen Volk, damit du erkennest und prüfest ihre Wege«.

Aber das Ergebnis des Propheten ist niederschmetternd: Alle sind abtrünnig, alle sind verderbt! Wie der Schmelzer im Feuer das Edelmetall von den Schlacken scheidet, so hat er versucht, im Volke einen guten Kern herauszulösen. Aber die Arbeit war vergeblich: Die Schlacken (ohne Bild: die Bösen) lassen sich nicht ausscheiden. So lautet das Endergebnis seiner ersten Tätigkeit: Das ganze Volk ist »verworfenes Silber«.

Diese Feststellung mag sein Schweigen in den folgenden Jahren erklären.

Im Jahre 622 trat ein Ereignis ein, das einen gewaltigen Umschwung im religiösen Leben bedeutete: die Auffindung des deuteronomischen Gesetzes. Wie aber Jeremia zu dieser Reform gestanden hat, ist umstritten. Im folgenden Kapitel versuchen wir, seine Haltung in etwa aufzuhellen.

IV. Zur Zeit der Reform des Joschija (622—609)

1. Die Reform und Jeremia

Das Ereignis des Jahres 622 war die Auffindung des »Gesetzbuches« (2 Kön 22,8-13), in dem man allgemein den Kern des heutigen Buches *Deuteronomium* sieht. Nach Befragung der Prophetin Hulda über den Ernst des im Buche angedrohten Unheils (2 Kön 22,13-20), befahl der König die Reform im Geiste des »Gesetzbuches« durchzuführen. Sie begann mit der Reinigung des Tempels (2 Kön 23,4). Der Götzendienst in der Provinz wurde unterdrückt, ebenso die lokalen Jahweheiligtümer (2 Kön 23,5-9). Dann wurde die Reform durch die Unterdrückung von Bet-El und die Ermordung der Priester von Samaria auf das ehemalige Nordreich ausgedehnt. Das bedeutet also, daß der König und mit ihm das ganze Land Juda sich bekehrten, das heißt Schluß machten mit dem Abfall von Jahwe und dem Götzendienst entsagten. Das war aber das Ziel der ganzen Verkündigung des Propheten Jeremia, der diesen Umschwung als einen Erfolg seiner Tätigkeit hätte buchen können.

Eigentümlicherweise spricht Jeremia nirgends mit Begeisterung von dieser Reform, und die Ausleger seines Buches kommen zu widersprüchlichen Erklärungen über seine Stellung zu ihr. Während die einen behaupten, Jeremia hätte sie begrüßt und unterstützt, meinen die anderen, er hätte sie abgelehnt, auch wenn er anfangs zugestimmt hätte. Neuere Ausleger glauben sogar, er hätte seine Tätigkeit erst nach dem Tode Joschijas begonnen.

Man wird wohl nie mit absoluter Sicherheit die Einstellung des Propheten zur deuteronomischen Reform, wie sie von Joschija durchgeführt wurde, darlegen können. Man darf aber mit einer gewissen Sicherheit sagen, daß er sie nicht abgelehnt und infolgedessen auch nicht bekämpft hat. Mit großer Wahrscheinlichkeit kann man auch sagen, daß sie ihm fragwürdig erschien. Fragwürdig dürfte ihm zuerst die Echtheit der Bekehrung gewesen sein: Das würde seine Worte gegen die Scheinbuße erklären; ebenfalls die Großmachtpolitik des Königs: für ihn konnte sie kein gutes Ende nehmen. Das erklärt seine Zurückhaltung, die ihn vielleicht als Gegner der deuteronomischen Orthodoxie erscheinen ließ.

2. *Die Worte von der Scheinbekehrung*

Das dritte Kapitel des Buches beginnt mit folgendem Vergleich:

»Entläßt ein Mann sein Weib und sie geht von ihm
und wird einem anderen zuteil, kann sie umkehren?
Ist sie nicht vollkommen unrein, diese Frau? –
Du, die gehurt mit vielen Buhlen, willst zu mir zurück?«

Man hat schon immer erkannt, daß dieser Vergleich auf eine Bestimmung des *Deuteronomium* anspielt (24,1ff). Eine geschiedene Frau darf nicht zum ersten Mann zurückkehren. Nun aber ist in der prophetischen Verkündigung das Verhältnis Jahwes zum Volk Israel das einer Ehe. Von Rechts wegen also kann das Volk nicht zu Jahwe zurückkehren, besonders da es nicht nur mit einem, sondern mit vielen gebuhlt hat. Das ist der Sinn dieser Perikope 3,1-5.

Gewiß meint Jeremia nicht, daß der Rechtsweg automatisch angewendet wird, wenn sich das Volk bekehrt. Aber er will nichts wissen von einer heuchlerischen Bekehrung; deswegen nennt er das Volk, das sich nach außen hin dem Gesetz unterwirft, eine Frau mit einer Hurenstirn. Joschija konnte das Gesetz beobachten lassen, aber es stand nicht in seiner Macht, eine Umkehr der Herzen zu bewirken. Vor einem Jahrhundert, als Israel, das Nordreich, vernichtet wurde, hatte sich Juda unter dem König Hiskija bekehrt und blieb daher bestehen. Aber es war nur eine Scheinbekehrung, denn nach dem Tode des Königs blühte der Götzendienst neu auf. Darüber spricht der folgende Abschnitt (3,6-18).

Im ersten Teil erinnert der Prophet an den Abfall der beiden Schwestern Israel und Juda. Israel wurde bestraft, denn Gott gab ihr den

Scheidebrief. Ihre Schwester Juda bekehrte sich und blieb bestehen, obwohl die Bekehrung nicht mit ganzem Herzen geschah.
Im zweiten Teil ruft er beide Schwestern zur Bekehrung auf, denn beiden bleibt dieser Weg offen. Aber die Rückkehr kann nur eine wahrhafte Bekehrung unter echten Hirten sein.
Es folgt ein Gedicht (3,19-4,3), in dem die Bedingungen einer wahren Buße aufgezählt werden. In der ersten Strophe klagt Jahwe über die Untreue des Volkes, doch mit einem Hinweis auf die Zeichen der Bekehrung; dann spricht der Prophet im Namen des Volkes das Sündenbekenntnis der Bekehrung und in der letzten Strophe ruft Jahwe zur Bekehrung auf, die, wenn sie aufrichtig ist, eine Erfüllung der Verheißungen bewirken wird.

3. Andere Texte über die Scheinbekehrung

Neben dieser Verkündigung, die im dritten Kapitel zusammengefaßt ist, gibt es auch noch andere Hinweise auf eine Scheinbekehrung. In diesem Zusammenhang finden sie ihre beste Erklärung.
So verkündet ein Gedicht (6,16-21), daß eine Scheinbekehrung das Gericht nicht aufhebt. Es ist darin die Rede von einer äußerlichen Beobachtung des Gesetzesbuchstabens, ohne innere Umkehr. V. 20 spricht vom Tempelkult und seinen Opferhandlungen, wie sie zur Zeit des Joschija wieder neu belebt wurden. Aber was nützen die Opfer, wenn sie nur Fassade sind, die von der Staatsmacht aufgebaut wird? So kann die Reform Joschijas nicht die »Anstöße« beseitigen, über die das ganze Volk straucheln wird. Aber nicht nur an der religiösen Reform hatte Jeremia etwas auszusetzen. Es scheint auch, daß die politische Machtentfaltung des Königs für ihn keine reine Freude war. Dies drückt sich im Gedicht von 9,22-23 aus: Für den Propheten ist Gotteserkenntnis wichtiger als Macht. Noch deutlicher dürfte dieser Gedanke in 17,5-13 entwickelt sein. Jeremia verurteilt das Vertrauen auf »Mensch« und »Fleisch«. In diesem Gedicht kann man einen prophetischen Kommentar zur Politik des Joschija sehen, einer Politik, die den König zur Niederlage von Megiddo geführt hat. In den Augen des Propheten rechnete Joschija zu sehr mit »Mensch« und »Fleisch«, das heißt seiner Streitmacht, und nicht mit den Plänen Gottes.

Zweiter Teil
Unter dem ägyptischen Protektorat (609—605)

I. Der Tod des Joschija und seine Folgen

Als im Jahre 614 die verbündeten Meder und Babylonier Ninive eroberten, trat Nabopalassar, der König von Babel, das Erbe des assyrischen Großkönigs an. Was von der assyrischen Streitmacht übrigblieb, rettete sich in die Festung von Haran. Aber auch Haran wurde im Jahre 610 erobert. Diesmal aber nahm Ägypten, unter Pharao Necho II., die Gelegenheit wahr, einem Hilferuf des assyrischen Königs Folge zu leisten. Im Jahre 609 unternahm er einen Feldzug mit dem Ziel, die Festung von Haran wieder zurückzuerobern und dabei Syrien-Palästina, das früher Ägypten gehörte, wieder zu besetzen.

Joschija aber wollte den Umtausch nicht hinnehmen und trat Necho II. entgegen, als dieser Palästina durchziehen wollte. Der Zusammenstoß geschah bei Megiddo. Der wagemutige Versuch Joschijas scheiterte: er fiel in der Schlacht, und der Pharao setzte seinen Zug fort.

Joschija hatte drei Söhne hinterlassen: Eljakim (25 Jahre), Schallum (23 Jahre), Mattanja (zehn Jahre). Die Landbevölkerung verhalf dem zweiten Sohn auf den Thron, allem Anschein nach, weil er ein getreuer Nachfolger seines Vaters war. Bei der Königssalbung nahm er den Namen Joahas an.

Mittlerweile waren die Truppen Necho II. nach Haran gezogen, wurden aber abgewiesen. Necho kehrte zurück, um wenigstens Syrien-Palästina fest in Besitz zu nehmen. Er schlug sein Hauptquartier in *Ribla* (Syrien) auf. Dorthin ließ er Joahas kommen und bestrafte ihn hart. Er setzte ihn nicht nur ab, sondern nahm ihn gefangen und brachte ihn nach Ägypten, wo er starb (2 Kön 23,33-34). Als König von Juda setzte er den ältesten Sohn des Joschija ein und änderte seinen Namen Eljakim in *Jojakim.*

Als Schallum (Joahas) nach Ribla zog, hatte Jeremia die Leute von Jerusalem zur Trauer um den König aufgerufen (Jer 22,10-12).

Jojakim aber befolgte nicht mehr die religiöse und nationale Linie

seines Vaters Joschija. Wie damals unter Manasse, dem Nachfolger des Reformerkönigs Hiskija, setzte sich unter Jojakim eine Renaissance des Heidentums in Juda und Jerusalem durch.
Diese Tatsache gab den Warnungen des Propheten über die Scheinbekehrung recht, aber auch seiner Zurückhaltung in der Unterstützung der Reform des Königs. Jetzt, wo das Heidentum sich wieder offen zeigte, gab es für ihn keinen Grund mehr, weiter im Hintergrund zu stehen. Er wird im Gegenteil die guten Seiten der Reform vertreten. So kommt zu den alten bekannten Themen die Verteidigung des Bundesgesetzes hinzu. Die Rede in 11,1-14 dürfte ein Beweis sein, daß er sich für dieses Gesetz eingesetzt hat. Wenn wir auch nichts wissen über einen offiziellen Akt, durch welchen die Reform außer Kraft gesetzt wurde, so kann man mit Sicherheit annehmen, daß der Götzendienst wieder in aller Öffentlichkeit ausgeübt wurde, als vom König her keine Gewaltmaßnahmen zu befürchten waren.
Bemerkenswert ist in dieser Rede der Stil, der sich den predigtartigen Reden des Deuteronomium angleicht! Vielleicht ein Zeichen der Überarbeitung durch einen deuteronomistischen Redaktor, aber wahrscheinlicher ist noch, daß sich Jeremia selbst dem Stil dieser Reden angepaßt hat.
Ebenfalls ist beachtlich, daß sich eine neue Linie in der Verkündigung des Propheten abzeichnet. Immer deutlicher tritt zu Tage, daß eine wirkliche Buße und Umkehr nicht mehr zu erwarten ist. Daher wird die Verkündigung der Katastrophe und des Gerichts nicht mehr nur als Drohung, wie in der früheren Tätigkeit ausgesprochen, sondern als sichere Tatsache vorgebracht.

II. Gegen das Wiederaufleben des Heidentums

In dieser Zeit kehren die alten Themen der früheren Verkündigung – jedoch mit einem neuen Akzent – wieder. Einmal beruft sich Jeremia auf das Gesetz, wenn auch nicht direkt auf die Reform des Joschija. Vor allem jedoch erscheint die mögliche Umkehr problematischer, wenn nicht schon aussichtslos und das drohende Gericht unabwendbar.

1. Thema Abfall

Ein Spruch aus dieser Zeit (8,4-7) beginnt mit zwei Beispielen aus dem täglichen Leben: Wer fällt, steht wieder auf; wer von einer guten Sache abfällt, bekehrt sich wieder. Nicht so das Volk. Diesem unnatürlichen Vorgang stellt Jeremia die vernünftige Ordnung des Gottesgesetzes in der Natur gegenüber:

»Selbst der Storch in der Luft kennt seine Zeiten,
Turtel, Schwalbe und Drossel halten ein die Zeit der Züge:
Mein Volk aber kennt nicht Jahwes Gesetz!«

2. Thema Götzendienst

Hier erfahren wir manches über die heidnischen Kulte. In 7,16-20 bekämpft der Prophet den Kult der Himmelskönigin. Es handelt sich um den Kult der Fruchtbarkeits- und Liebesgöttin, an dem die ganze Familie teilnimmt. Er wird in V. 17-18 beschrieben. Daß der Spruch mit dem Verbot an den Propheten, Fürsprache einzulegen, beginnt, weist darauf hin, daß keine Hoffnung auf Bekehrung vorhanden ist. In 7,29-34 ist die Rede von den Götzenbildern und den Kinderopfern. In V. 30 werden die Götzenbilder im Tempel von Jerusalem genannt. Ein Beweis, daß unter Jojakim die Reform des Joschija praktisch aufgehoben wurde. Daneben wird V. 31 der Opferaltar im Tal *Ben Hinnom* genannt, wo die Sitte der Kinderopfer wieder eingeführt wurde.

8,1-3 berichtet schließlich vom Kult der Gestirne, der zur Zeit des Ahas und des Manasse eingeführt wurde (2 Kön 16,10ff; 21,3.5), von Joschija unterdrückt war (2 Kön 23,4f.11), aber unter Jojakim wieder auflebte (2 Kön 24,3).

Der Abschnitt 10,1-16 stellt eine ironische Darstellung der Entstehung eines Götzenbildes dem Hymnus auf den hohen Gott Jahwe gegenüber. Weil er sich deutlich von den anderen Texten über den Götzendienst abhebt und bevorzugte Themen des Deuterojesaja (Bezeichnung für den unbekannten Verfasser der Kapitel 40-55 des Jesaja-Buches) behandelt, wird er als exilische oder nachexilische Komposition angesehen. Trotzdem dürfte der Kern des Stückes jeremianisches Überlieferungsgut sein, das durch den Gebrauch in der Liturgie eine neue Formulierung erhielt.

3. *Thema Gottesdienst*

Durch die Einführung des Götzendienstes wurde aber der Opferkult im Tempel von Jerusalem nicht unterdrückt. Der bekannte Text von 7,21-28 ist ein Beweis dafür. Was aber Jeremia daran auszusetzen hat, ist, daß er nicht echt ist, weil er nur ein äußerliches Abhalten des Opferkultes war, oder weil mit dem Jahwekult zugleich der Götzendienst verbunden war.

Über die Begründung der Wertlosigkeit dieses Opferkultes (V. 22-23), daß nämlich Jahwe beim Auszug aus Ägypten nicht Opfer, sondern Gehorsam geboten habe, ist schon viel geschrieben worden. Man möchte gern den Propheten als Gegner des Opferkultes hinstellen. Aber es paßt nicht recht in den Rahmen der alttestamentlichen Religion, daß Jeremia für einen Gottesdienst ohne äußere Betätigung eintritt. Man darf daher eine rhetorische Übertreibung nicht ausschließen und die Verneinung wird wohl im Sinne einer differenzierten Wertschätzung zu verstehen sein.

Diesen Sinn legt der Abschnitt 11,15-17 nahe. Auch dort ist die Rede von Opfern. Aber es geht um den magischen Wert der Opfer, denn Jeremia sagt: sie schützen nicht automatisch vor dem Verderben. Was Israel im Tempel tut, ist für den Propheten ein Doppelspiel, da man zugleich, nach V. 16, Jahwe und den Götzen Opfer darbringt.

Diese Äußerlichkeit in der Beobachtung des Gesetzes wird auch im Text über den Lügengriffel der Schreiber (8,8-9) vom Propheten gerügt. Sie machen die äußeren Zeichen des Gehorsams zum einzigen Inhalt des Gesetzes.

4. *Thema Strafe*

In jedem Gedicht, in dem die Sünde gerügt wird, klingt auch das Motiv des Gerichtes und der Strafe an. Aber es gibt auch einzelne Gedichte, in denen die Strafe weiter entfaltet wird. Das zeigen die Verse über die Ernte des Krieges (8,13-17):

> »Ich werde sie ernten, Spruch Jahwes!
> Da sind keine Trauben am Weinstock mehr,
> keine Feigen am Baum und die Blätter fallen:
> Was ich ihnen bestimmt, wird über sie kommen!«

Dieses Gleichnis wird weiter ausgeführt in der Beschreibung des Krieges, ähnlich wie im Kriegslied 4,5ff aus der Anfangszeit der Verkündigung. Aber während dort eine Zuflucht in den Städten geboten wird, beginnt diesmal die Zeit der großen Trauer. Damals hatte der Prophet noch Hoffnung auf Bekehrung, jetzt nicht mehr.

Auch die drohende Gefangenschaft (10,17-22) taucht auf als Strafmotiv:

»Schnüre dein Bündel! Weg vom Lande, du Belagerte!«

Man könnte meinen, daß der Spruch aus der Zeit der Belagerung Jerusalems stammt, doch V. 22 wird diese als zukünftig gedacht. Und wenn früher Gott eingegriffen hat, um Jerusalem aus der Belagerung zu befreien, so diesmal nicht: Er wird Jerusalem fortschleudern. Schon im voraus stimmt Jeremia das Klagelied des Volkes an.

Selbst in dieser ausweglosen Situation vergißt der Prophet nicht sein Amt als Fürbitter des Volkes. Im Anschluß an das vorhergehende Gedicht folgt eine Bitte um Milde:

»Züchtige uns, Jahwe, doch nur mit Maßen,
nicht aber in deinem Zorn, daß du uns aufreibst!«

Nicht wie früher bittet er um Abwendung der Strafe, sondern nur noch um ihre Verringerung. Dagegen will V. 25, der den Zorn Jahwes auf die Völker ablenken will, nicht gut in den Gedankengang des Propheten passen, denn für ihn sind die Völker die Zuchtrute Gottes für Israel. Und da der Vers fast wörtlich im Volksklagelied Ps 79,6-7 steht, dürfte er von dort übernommen sein.

III. Der Prozess des Jeremia und seine Folgen

Wenn Jeremia der Abschaffung der Opfer das Wort geredet hätte (vgl. 7,22ff), hätte man ihm längst den Prozeß im Namen des Gesetzes machen können. Nichts aber geschah: Solange er nur die Praxis der Religion bekämpfte, ließ man ihn gewähren.

Anders sollte es kommen, als er sich am königlichen Heiligtum des Tofet und am Staatsheiligtum des Tempels vergriff. Im Prozeß wurde er zwar freigesprochen, aber eine öffentliche Tätigkeit wurde ihm unmöglich gemacht. Zurückgezogen in Anatot erfährt er von einem Mordplan, der in ihm eine Verzweiflungskrise heraufbeschwört.

1. Die Reden gegen das Tofet und den Tempel

Die Rede gegen das Tofet (19,2-9.11b-13) ist im heutigen Buch mit der symbolischen Handlung vom zerbrochenen Krug verbunden, wahrscheinlich, weil beide am gleichen Ort stattfanden.

Tofet ist der Name einer Stätte oder eines Heiligtums im Hinnomtal, wo die Israeliten unter Ahas und Manasse ihre Kinder dem »Moloch« opferten bis zur Zeit der Reform des Joschija (vgl. 2 Kön 23,10). In seiner Rede gegen den Götzendienst hatte der Prophet auch gegen die Sitte der Kinderopfer im Tofet Stellung genommen (vgl. oben zu 7, 16-20). Diesmal behandelt er das Thema ausführlicher. Nach der Ortsangabe teilt die Einleitung zur Rede mit, daß die Könige von Juda und die Bewohner Jerusalems angeredet sind. Möglicherweise fand am Tofet eine Opferfeier statt, bei der der König anwesend war. Jeremia bezeichnet die Sitte als Abfall von Gott. Daher muß sie bestraft werden mit dem Gericht des Krieges und dem Gericht der Hungersnot. Das Tofet selbst wird entweiht werden.

Aber an Heftigkeit wird diese Rede von jener übertroffen, die er gegen den Tempel Jahwes gehalten hat (7,1-15). Über diese Rede haben wir auch einen Bericht des Baruch (26,1-6).

Den Kern der Rede bildet der Angriff auf die im Volk verbreitete abergläubische Sicherheit, die sich auf die Gegenwart Jahwes im Tempel berief. Man mag diese den Unheilsverkündigungen gegenübergehalten haben. Aber, sagt der Prophet, diese Sicherheit ist trügerisch, denn Jahwe hat seinen Schutz nicht dem materiellen Tempel zugesichert, sondern dem Leben nach dem Willen Gottes. Indem er die Worte: »Der Tempel Jahwes« als »Trugworte« bezeichnet, will er die Selbsttäuschung treffen, die sich in dieser Tendenz zur Magie ausdrückt. Die Tempelgänger, die den Willen Gottes nicht erfüllen, wie er sich in den zehn Geboten kundgetan hat, sind in seinen Augen nur Heuchler. Seine Anklage gipfelt im Vergleich des Tempels mit einer Räuberhöhle: Der Tempel wird entweiht, weil er ein Unterschlupf für Räuber geworden ist, die darin Schutz suchen. Schon dieser Vergleich konnte als Sakrileg ausgelegt werden. Aber noch mehr der Abschluß, in dem Jeremia dem Tempel das Los von Schilo weissagt.

Bemerkenswert ist im Bericht des Baruch, daß er die Bekehrungsmöglichkeit und die Zurücknahme des Unheilsbeschlusses noch offen läßt.

In ihm wird betont, was in der Rede von Kapitel 7 nur angedeutet wird. Trotzdem aber führte diese Rede zur Verhaftung des Propheten.

2. *Die Verhaftung und der Prozeß*

Die Rede erreichte aber nicht ihr Ziel. Priester und Propheten, die Künder der Unzerstörbarkeit des Tempels, ließen ihn verhaften. Königliche Beamte nahmen ihn in ihre Gerichtsbarkeit. In der Gerichtsverhandlung vertreten Priester und Propheten die Anklage, die auf Tod lautet, während Jeremia selbst die Verteidigungsrede hält. Er betont den göttlichen Auftrag, gegen den kein Mensch Widerstand leisten kann. Dann erinnert er daran, daß die Drohung abwendbar ist, was in der Anklage verschwiegen wurde, und appelliert an das Gewissen der Richter. Er wurde freigesprochen. All das erzählt Baruch im Anschluß an seinen Bericht von der Tempelrede (26,7-19). Um zu zeigen, in welcher Gefahr Jeremia schwebte, fügte er den Bericht über den Martertod des Propheten Urija hinzu (26,20-24).

3. *Zurückgezogenheit in Anatot*

Nach dem Freispruch gewährte man dem Propheten sicher auch die Bewegungsfreiheit. Aber Schafan, sein Gönner und Beschützer, dürfte ihn zur Zurückhaltung und einem zeitweiligen Aufenthalt in seiner Heimat Anatot bewogen haben. In dieser Zeit hat er vorzugsweise das Gespräch mit Jahwe gepflegt und sich um Familienangelegenheiten gekümmert. In diese Situation paßt die »symbolische Handlung« vom verdorbenen Gürtel (13,1-11), denn sie ist eher ein inneres Erlebnis, als ein äußeres Tun.

Auf Befehl Jahwes kauft Jeremia einen Gürtel, geht zum Eufrat und verbirgt den Gürtel in einer Felsspalte. Nach »vielen Tagen« muß er ihn holen. Und siehe, er war verdorben. So ist auch das Volk verdorben, erklärt ihm ein Gotteswort. Da noch nicht die Rede von Verbannung ist, muß das Geschehen vor das Jahr 598 datiert werden. Jedenfalls spricht darin seine bittere Erfahrung, die er im Prozeß gewonnen hat: Das Volk ist verdorben, es ist nicht mehr zu retten. Diese Gottesoffenbarung hat auch seine Tempelrede bestätigt: Nicht nur der Tempel ist wertlos geworden, das ganze Volk ist verdorben. Verlassen vom Volk, angefeindet von den führenden Schichten, hat Jeremia in seiner Heimat, in der Familie, einen Rückhalt gesucht. Er sollte bitter enttäuscht werden, denn er fand nur Einsamkeit. Unwillkürlich denkt er über sein Leben nach: Er ist ledig geblieben, er hat keine Freunde, er meidet Geselligkeit. Warum all das? In diesem Selbstgespräch erkennt er den Willen Gottes und weiß, daß nicht nur sein Wort, sondern auch sein Leben im Dienste Gottes steht (16,1-15). Dieser Dienst verlangt von ihm zuerst Verzicht auf Frau und Kind, was im Alten Testament eher als Schande galt. Bei ihm ist aber dieser Verzicht nicht eine Folge der Zeitnot oder des Prophetenamtes: Sein Leben soll eine symbolische Darstellung seiner Verkündigung sein, der verkündeten Zerstörung der Familien. Ein zweiter Verzicht ist das Verbot teilnehmender Trauer, denn in seinem Leben soll er zeigen, daß Gott seinem Volk Gnade und Barmherzigkeit entzogen hat. Und ein dritter Verzicht auf die frohe Geselligkeit ist symbolischer Ausdruck für das Ende der Freude im Lande.

Der Gedankengang schließt ab mit einer Begründung des angedrohten Gerichts: der Abfall der Väter und der noch schlimmere Abfall der jetzigen Generation.

Diese Betrachtung wird weitergeführt durch einen neuen Spruch (16,16-21). Darin wird die Ausweglosigkeit der Gegenwart betont, gemildert aber durch die zukünftige Heidenbekehrung.

Wie sehr den Propheten die verfahrene Gegenwart seines Volkes auch in seiner Zurückgezogenheit beschäftigte, zeigt das Gedicht (17,1-4), in dem er seiner Erkenntnis vom verdorbenen Gürtel einen neuen Ausdruck gibt:

»Die Sünde Judas wird aufgeschrieben ...
auf die Tafel ihres Herzens
und auf die Hörner ihrer Altäre«.

Sie werden aufgeschrieben mit eisernem Griffel und mit Demantstift, das heißt unlöschbar, daß selbst das Sühneblut die Sünde nicht mehr löschen kann.

Anschließend werden die Sünden aufgezählt. Erinnert wird an die Kinderopfer, die der Prophet schon mehrmals gerügt hat, an die Altäre und die Ascheren bei den grünen Bäumen oder auf den Hügeln. Ein Gotteswort verkündet die Strafe: Plünderung und Gefangenschaft. Der Verlust von Hab und Gut ist der Sünde Lohn. Aber auch sein Erbe, das Gelobte Land, muß Juda verlassen und Sklave werden in einem unbekannten Land.

Die Erwähnung der heidnischen Heiligtümer setzt voraus, daß die deuteronomische Reform schon längst nicht mehr wirksam war. Die Datierung vor der Reform ist durch die hoffnungslose Situation ausgeschlossen. Ebenso weist die Erwähnung der Gefangenschaft eher auf die Zeit Jojakims hin als auf die Zeit des Joschija.

4. Mordanschlag in Anatot

Selbst im Kreis seiner Familie findet Jeremia nicht den Frieden, den er sucht, besonders da er weiterhin immer wieder auf Sünde und Strafe hinweist. Man liebte den unbequemen Mahner nicht. Man schreckt nicht davor zurück, ihm Fallen zu stellen, um ihn zu verderben. Im Buch stehen zwei Berichte über einen Mordanschlag in Anatot.

Der Bericht in 11,18-23 ist allerdings gestört. Nach V. 18 fehlt der Inhalt der Mitteilung Jahwes, auf die sich der Prophet beruft. Allgemein wird angenommen, daß 12,6, eine Warnung vor den Verwandten, hierher gehört, besonders da der Vers an seiner Stelle sinnlos ist.

Der eigentliche Grund für die Machenschaften, die ihn bedrohen, dürfte in V. 21 angegeben sein. Jeremia wird sein Auftreten als Prophet im Namen Jahwes vorgeworfen, besonders im Hinblick auf seine Tempelrede. Da man in der Familie feststellen mußte, daß er nicht umzustimmen war, suchte man ihn durch einen Mordanschlag zu beseitigen. Aber Jahwe offenbart ihm die Hinterhältigkeit der Familie. Der Vergleich mit dem Lamm (V. 19) ist ein Bild für die um das Vertrauen betrogene Seele des Jeremia, der unter den Seinen Sicherheit gesucht hatte. Vielleicht liegt darin eine Anspielung auf die Art des Mordanschlags, die wir heute nicht mehr recht verstehen können: Rat zur Flucht mit dem Vorsatz, ihn zu töten oder die Flucht dem König zu melden, der ihn hätte töten lassen wie den Urija. Abschließend folgt das Rachegebet, wie es im Stil der Klagepsalmen üblich war. Dieser Text zeichnet im Propheten ein Vorbild Jesu. Die Evangelien haben das Bild vom Lamm, das zur Schlachtbank geführt wird, auf Jesus angewandt.

Es gibt noch einen anderen Bericht (18,18-23), der vielleicht von einem neuen Anschlag erzählt. Möglich ist, daß man mehr als einmal den Versuch unternommen hat, Jeremia zu verderben. Auch hier ist die

Rede von »heimlichen« Anschlägen. Nur werden einige näher gedeutet: Man sucht ihn bei einer gefährlichen Äußerung zu ertappen, daß er nicht, wie bei der Tempelrede, dem Tod entgehe.
Aber Jeremia zitiert seine Gegner vor das Gericht Jahwes, auch wieder im Stil der Klagelieder. Die Bosheit ist so schlimm, daß er nun nicht mehr als Fürsprecher auftreten kann: Er läßt nun seinen Gefühlen freien Lauf und er findet Worte, die an Schärfe alles übertreffen, was er in anderen Gebeten dieser Art gesagt hat.
Daß Jeremia daraufhin eine Verzweiflungskrise durchmachen mußte, kann nicht verwundern. In diesem Zusammenhang stehen einige Monologe, die seine Seelenstimmung verraten. Man hat sie seine »Konfessionen« (Bekenntnisse) genannt.

IV. Die »Bekenntnisse« Jeremias (erster Teil)

Schon zur Zeit der frühen Tätigkeit haben wir festgestellt, daß uns Jeremia einen Einblick in seine Seelenstimmung gibt, wenn er auf Widerstand stößt. Dies äußert sich in Monologen, Zwiegesprächen mit Jahwe oder in Gebeten. Sie berichten von seinen Schwierigkeiten, von seinem Ringen, von seiner Not, in die ihn seine Berufung gebracht hat.
Unter Jojakim führte ihn die Treue zu seinem Prophetenamt in eine Lage, daß er an sich, an den Mitmenschen und selbst an Gott verzweifelte. Nach der Tempelrede erfuhr er eine offene Verfolgung; nach dem Prozeß wird er mundtot gemacht. Zurückgezogen in Anatot, wird er im Kreis seiner Familie als das schwarze Schaf angesehen und behandelt, wobei man nicht einmal vor einem Mordanschlag zurückschreckt. All das konnte nicht ohne Widerhall im Menschen Jeremia bleiben. In der Tat finden sich im Kontext dieser Zeit einige Gedichte, die eine ganze Skala von Gefühlen offenbaren, von Unmut und Ärger bis zur Verzweiflung. Neben dem Bericht über den Mordanschlag, der sozusagen die Einleitung bildet, sind folgende Texte in Betracht zu ziehen.

1. *Unmut und Ärger (9,1-8)*

»Wer gibt mir ein Wanderobdach in der Wüste?
Ich verließe mein Volk, um wegzukommen!
Denn alle sind sie Ehebrecher, eine Verräterbande!«

Nach all dem, was der Prophet erfahren hatte, mußten sich Stunden einstellen, wo er einfach auf und davon möchte! Wenn nicht einmal in der Familie Ruhe zu finden ist, bleibt nichts anderes übrig als in die Wüste zu flüchten, wo kein Mensch zu sehen ist.

Wie sehr dieses Gedicht vielen Menschen aus dem Herzen spricht, beweisen die Psalmen, die daraus Formulierungen wörtlich übernommen haben (vgl. besonders Ps 12). Und, vielleicht durch die Psalmen, ist der Einfluß bis auf Paulus zu beobachten, der Röm 3,4ff die grundsätzliche Lügenhaftigkeit der Kreatur der göttlichen Wahrhaftigkeit gegenüberstellt. In der Abschlußstrophe zeigt Jeremia, wie Jahwe selbst an seinem Volk verzweifelt: Es bleibt nichts anderes übrig als der Schmelzofen. Zugleich aber bekundet hier der Prophet, daß er sich an seinen Auftrag gebunden fühlt, trotz der Versuchung des Abweichens, die sich am Anfang geäußert hatte.

In dieser Zeit also muß Jeremia schweigen, während seine Feinde siegen. In dieser Situation stellt sich ihm, wie so vielen anderen Menschen im Alten Testament, die Frage nach dem Glück der Gottlosen.

2. *Das Glück der Gottlosen (12,1-5)*

Viele Psalmen haben diese Frage behandelt (z. B. 10,11; 49; 73; 94,7). Für die Weisheitslehrer wurde sie in der späteren Zeit das große Rätsel. Der Prophet aber beginnt V. 1 mit dem vorbeugenden Bekenntnis des Glaubens an die Gerechtigkeit Gottes. Dann schildert er das Glück der Gottlosen im Bilde des gepflanzten Baumes, der gedeiht und Frucht bringt (vgl. Ps 1), aber auch ihre Gottlosigkeit: Sie führen Gott im Munde, aber nicht im Herzen. Vielleicht denkt Jeremia an die Tempelrede und an den Prozeß, den man gegen ihn im Namen Jahwes geführt hat. Dieser Treulosigkeit stellt der Prophet seine Treue gegenüber.

Aber schon bedrängt ihn eine neue Frage: Warum sollen auch Unschuldige leiden wegen der Gottlosen, für deren Wandel Trockenheit und Dürre über das ganze Land verhängt wurden? Die Antwort Jahwes ist eine Gegenfrage: Wenn du schon mit Fußgängern nicht laufen kannst ohne zu ermüden, wie willst du mit Rossen wettrennen? Damit weist Gott die Einwände mit der Antwort zurück, daß das gegenwärtige Leid eine Kleinigkeit ist im Vergleich zu dem, was noch bevorsteht. Damit bedeutet er auch dem Propheten, daß nicht eine intellektuelle Lösung der Probleme die Berufung festigen wird, sondern das vollkommene Vertrauen auf Gott.

3. Verzweiflung und neue Berufung (15,10-21)

Besonders in diesem Stück offenbart Jeremia seine innersten Gefühle: sein Ringen und seine Not, Not der Verzweiflung!
Es ist ein Zwiegespräch zwischen ihm und Gott, darum paßt das Drohwort V. 12-14 nicht in den Zusammenhang:

> »Weh mir, Mutter, denn du hast mich geboren,
> einen Mann des Streites und des Zankes für alle Welt:
> Keinem lieh ich, keiner lieh mir, dennoch flucht mir jeder!«

Ergreifend ist dieser Wehruf an die Mutter, die dem Sohn ein Leben gegeben hat, an dem dieser verzweifelt! Zum Verzweifeln ist es, daß er mit der ganzen Welt Streit hat, wo er niemandem Anlaß gegeben hat: Er ist weder Gläubiger noch Schuldner. Deswegen grübelt der Prophet über sein Wirken und Verhalten Gott und den Menschen gegenüber. Er hat Gott nach bestem Können gedient; für alle anderen hat er Fürbitte eingelegt, auch wenn er Unheil verkünden mußte.
So muß der Geduldsfaden reißen und die Rachegedanken des alttestamentlichen Menschen kommen wieder an die Oberfläche und verdrängen die Feindesliebe. Der Prophet ist so aufgewühlt, daß sich seine Verbitterung gegen Gott wendet. Wie ein Vorwurf klingt die Erinnerung an seine Treue: Das Wort Gottes war ihm Lieblingsspeise, und er hat sich Gott geweiht in seiner Berufung. Aber das hat ihm nur Einsamkeit eingebracht und zum Schluß kommt der Ausbruch der Verzweiflung:

> »Du bist mir ein Trugbach, ein unzuverlässig Gewässer!«

In 2,13 hat Jeremia die Götzen »brüchige Brunnen« genannt, »die das Wasser nicht halten«. Aber schon merkt der Prophet, daß er eine Grenze überschritten hat und er bittet um die Gnade der Bekehrung. Die Antwort Gottes ist Vergebung, denn sie wiederholt die Sendungsworte der Berufung. Nach dem Ausbruch der Verzweiflung ist Jeremia ruhiger geworden und im Gebet spricht er sich aus über seine Nöte.

4. Das Gebet des Jeremia (17,14-18)

Es beginnt mit der Einleitungsformel des Klageliedes, wie sie jeder Kranke sprechen könnte. Bei ihm aber handelt es sich nicht um eine Krankheit, sondern um eine seelische Not. Man wirft ihm vor, er verkünde den Untergang des Volkes, wo doch selbst unter dem gottlosen Jojakim alles in bester Ordnung zu sein scheint. Jeremia spricht also Eigenwünsche aus!

Solche Vorwürfe mögen besonders nach der Tempelrede und nach dem Mordanschlag immer wieder geäußert worden sein. Trotz allem wird Jeremia den ihm von Gott aufgetragenen Hirtendienst nicht aufgeben. Dieser Dienst wird meist von der Rolle des Fürbitters verstanden und diese Deutung ist von V. 16b nahegelegt: er wünscht nicht das Unglück herbei. Aber vielleicht meint er auch sein Prophetenamt, das er, trotz aller Versuchungen, nicht aufgeben will. Und Jahwe weiß es! Was er verkündet, ist nicht eigener Wunsch, sondern Wille Gottes, der sich unerbittlich erfüllen wird. Daher die Bitte, am Schluß, daß er von diesem Unglück verschont bleibe, daß es aber diejenigen treffe, die ihn verfolgen.

Wie man sieht, ist Jeremia kein Stoiker gewesen. Mißerfolg und Verfolgung haben ihm schwer zugesetzt. Dem Temperament nach war er kein Löwe! Schon in der Berufungsstunde hat er Jahwe entgegengehalten, daß er sich für die ihm zugedachte Sendung ungeeignet halte wegen seiner Jugend (1,7) und er vergleicht sich selbst einem Lamm (11,19), aber nie einem Löwen! Kein Wunder, daß diese weiche Natur Stunden tiefster Depressionen durchmachen mußte, in denen er nicht nur an seinem Volk, sondern auch an seinem Gott verzweifelte (15, 10ff). Der Gott aber, der ihm die Verheißung: »Ich werde mit dir sein!«, gegeben hatte, als er ihn zum erstenmal ansprach, richtet ihn wieder auf mit der Erneuerung seiner Berufung.

Die Gelegenheit ist nahe, da er sich wieder mit vollem Einsatz seiner Verkündigung widmet. Aber es werden auch wieder Zeiten der Verfolgung kommen, in denen er in die Einsamkeit seiner Gedanken und Grübeleien zurückgeworfen wird; dann, wenn der König seine Buchrolle verbrennt und er sich verstecken muß, um der Verhaftung zu entgehen.

Dritter Teil
Von der Schlacht bei Karkemisch bis zur ersten Belagerung Jerusalems (605—597)

Die Schlacht bei Karkemisch (heute *Dscherablus* am Eufrat) im Jahre 605 war ein weltpolitisches Ereignis. Sie bedeutete ebenfalls einen Wendepunkt im Leben und im Wirken des Propheten Jeremia.

Das weltpolitische Ereignis war das endgültige Ende des assyrischen Reiches und die Festigung des neubabylonischen Reiches. Was Nabopalassar, der König von Babel, klug eingeleitet hatte, das hatte sein Sohn Nebukadnezzar glorreich besiegelt, indem er den Pharao Necho II. bei Karkemisch besiegte. Wohl konnte der Kronprinz seinen Sieg nicht durch die Vernichtung des Gegners vollenden, denn sein Vater starb kurz nachher und er mußte eilends in die Hauptstadt zurückkehren. Aber sein Ruhm war so gefestigt, daß er in aller Ruhe den Thron seines Vaters besteigen konnte. Erst im folgenden Jahr zog er wieder nach Südwesten, um die Völker Syriens und Palästinas zu unterwerfen. In *Ribla* nahm er im Jahre 604 ihren Tribut entgegen. Unter ihnen war auch Jojakim, der König von Juda (vgl. 2 Kön 24,1). Drei Jahre später empörte sich Jojakim und verweigerte den Tribut. Nebukadnezzar bereitete einen Feldzug vor und eroberte Jerusalem im Jahre 597.

Aber auch für Jeremia war diese Schlacht ein wichtiges Ereignis. Seit zwanzig Jahren sprach er von einem »Feind aus dem Norden«. Dieser Feind hatte nun einen Namen. Er hieß Nebukadnezzar, der Knecht Gottes, der an Jerusalem das Gericht Gottes vollziehen sollte. Zugleich aber bedeutete der Sieg Nebukadnezzars das Ende der ägyptischen Oberhoheit in Juda, und die ägyptenfreundliche Partei, die Jeremia besonders feindlich gesinnt war, mußte sich zurückhalten. Der Prophet konnte seine Tätigkeit ungehindert wieder aufnehmen.

I. Die Schlacht bei Karkemisch und ihre Folgen

Wie das Wetterleuchten eines Gewitters, das sich am Horizont zusammenzieht, so war für Jeremia die Schlacht bei Karkemisch. Er spricht es in der sogenannten *Bechervision* aus, in einem Gedicht über die Schlacht, in der Weissagung der Invasion Ägyptens und in den Sprüchen über die Völker.

1. Die Bechervision und das Völkergericht (25,15-38)

Der Becher Jahwes symbolisiert das Schicksal der Völker, und sein Inhalt, den Jeremia als göttlicher Mundschenk zu trinken gibt, bedeutet ihr Verderben, ihren politischen Untergang. Die Deutung wird in V. 27-29 gegeben. Das Motiv des Zornesbechers in der Hand Jahwes ist recht häufig zu finden (vgl. Jes 51,17; Ijob 21,20; Ps 75,9; Klgl 4,21), obwohl nicht alle Stellen sich auf die Fremdvölker beziehen. Die Völkerliste (17-26) ist wahrscheinlich ein Einschub des Herausgebers, der den Spruch aus dem Zusammenhang der Völkergedichte Kapitel 46-51 herausgelöst hat.

Das Völkergericht (30-38) ist eine poetische Darstellung des Völkergerichts, das in der Bechervision nur angedeutet wird. Die Verse 30 und 31 beschreiben das Völkergericht im Bilde einer Theophanie nach der Sinaitradition (Gotteserscheinung im Donner). Hinzu kommt das Bild vom Schwert, das das Bild vom Becher näher bestimmt: Das Gericht wird durch das Schwert, das heißt den Krieg, ausgeführt. V. 32-33 ist eine Ausmalung des Gerichtes im Bild des Sturmes, der über die Länder dahinfegt und alles verheert: Die Hirten, die Herde und die Auen, das heißt die Führer des Volkes, das Volk und das ganze Land. Das Hirtenmotiv, das Jeremia öfter gebraucht (vgl. 1,6; 10,21; 12,3; 13,20; 49,19f), wird in V. 34-37 weiter ausgeführt. Das Ganze endet in V. 38 mit dem Bild des Löwen, für Jeremia das Symbol Nebukadnezzars, des Völkerbezwingers, der von Norden kommt. So wird von Bild zu Bild die Botschaft immer deutlicher: Der Becher verkündet das Gericht, der Sturm kommt von Norden und Nebukadnezzar ist der Löwe: Beweis ist der Sieg von Karkemisch.

2. Das Gedicht über die Schlacht (46,1-12)

In drei Strophen gibt Jeremia eine dramatische Schilderung der Schlacht von Karkemisch, in der Nebukadnezzar das ägyptische Heer entscheidend schlug.

Zuerst wird die beginnende Schlacht geschildert. Wir hören die Kommandorufe der Offiziere an die einzelnen Einheiten: Infanterie, Streitwagen, Lanzenträger. Ein gewaltiges Heer tritt an zum Kampf gegen den Feind. In scharfem Kontrast dagegen zeigt V. 5 die Schau einer kopflosen Panik: Die Niederlage ist vollkommen. Die zweite Strophe beginnt von vorne. Sie schildert den majestätischen Pharao, der, so wie der Nil Ägypten überschwemmt, die ganze Welt zu überschwemmen gedachte. Aber der Sturm führte nicht zum Sieg, sondern zu einem Schlachtfest, denn es ist ein Sturm gegen Jahwe, dessen Gerichtsvollstrecker der Babylonier ist. Die dritte Strophe beschreibt die Wirkung der Niederlage, von der sich Ägypten nicht so bald erholen wird. Ironisch fordert der Dichter die Ägypter auf, Arznei aus Gilead zu holen. Aber sie hilft so wenig wie die heimische Ärztekunst, die nach dem Zeugnis Herodots im Altertum berühmt war.

3. Die Invasion Ägyptens (46,13-26 [27-28])

Dieses Gedicht schildert den Zug Nebukadnezzars nach Ägypten, wodurch die Niederlage von Karkemisch vollendet wurde. Es beschreibt die Alarmierung der Grenze (Migdol an der Ostgrenze des Deltas) und der Hauptstadt Memfis. Der Apis-Stier ist der dort verehrte Gott: Er flieht und wird von Jahwe niedergestreckt. Die Ausländer fliehen, denn das Land hat sein Prestige und die Sicherheit verloren. Der Name des Pharao soll heißen: »Getöse, das die Zeit verpaßt«, eine ironische Nachbildung des Thronnamens der Pharaonen. Bis jetzt hatte der Pharao den starken Mann gespielt, aber der Eroberer wird kommen, so sicher oder so gewaltig wie der Tabor aus der Ebene emporragt und der Karmel aus dem Meer. Den Ägyptern bleibt keine andere Wahl, als sich für die Gefangenschaft einzurichten, denn der Feind wird die Hauptstadt zerstören.

Der zweite Teil des Gedichtes ist reich an Bildern. Am Anfang steht das friedliche Bild einer Kuh auf der Weide, aber es kommt eine Bremse aus dem Norden (Nebukadnezzar) und scheucht sie auf. Da fliehen die Söldner, die sich Ägypten angeworben hatte. Das Bild von den Mastkälbern will besagen, daß sie sich am Reichtum Ägyptens vollgefressen hatten. Auch die Invasion ist bilderreich beschrieben. Man hört das zischende Geräusch einer Schlange (Nebukadnezzar). Die Soldaten sind Holzhacker. Wenn schon Ägypten viele Menschen hat, so ist die Zahl der Angreifer noch größer. Sie fallen über das Land wie ein Heuschreckenschwarm.

Der spätere Zusatz (25-26) ist eine Erklärung und zugleich eine Einschränkung des Drohwortes, die vielleicht durch den Gang der Geschichte nach 568 veranlaßt wurde.

3. Sprüche gegen die Völker (47,1-49,33)

Die Schlacht von Karkemisch bedeutete eine politische Umwälzung für den ganzen Orient. Im besonderen gab sie Nebukadnezzar freie Hand in Syrien-Palästina. Aus der Chronik Wisemann wissen wir, daß der König von Babel in den ersten Jahren seiner Regierung nicht untätig blieb: Wenn die teilweise Ergänzung der Handschrift richtig ist, eroberte er im Jahre 604 die Stadt Aschkelon. So dürften auch die Sprüche gegen die Völker mit der Schlacht von Karkemisch in Zusammenhang stehen.

Die Philister sind als erste an der Reihe (47,1-7). Die Beschreibung der Invasion beginnt mit dem Bild der Überschwemmung, geht aber gleich zur Wirklichkeitsbeschreibung über. Nach den Philistern werden die östlichen Nachbarn genannt: Moab (48,1-47), Ammon (49, 1-6), Edom (49,7-22). Es folgt ein kurzer Spruch gegen Damaskus, die Hauptstadt des Aramäerreiches (49,25-27), und gegen die Wüstenstämme (49,28-33). Diese sind ohne Festungen. Nur Zelte und Herden sind ihr Eigentum. Aber sie fühlen sich sicher in ihrer Einsamkeit. Doch auch gegen sie sandte Nebukadnezzar seine Truppen, um die Wüste zu säubern und Beute zu machen.

Der prosaische Spruch 9,24-25 faßt alle Völkersprüche zusammen: *Die Strafe der Unbeschnittenen.* Damit meint der Prophet die Unbeschnittenheit des Herzens, wie es erklärend im Anschluß an die Nennung Israels gesagt wird. Das ist ein großes Anliegen Jeremias: Das Zeichen der Beschneidung ist nichts, wenn nicht die Beschneidung des Herzens hinzukommt.

II. Der Bruch mit König Jojakim

Die Schlacht von Karkemisch hatte dem Propheten nicht nur eine neue Kenntnis der politischen Wirklichkeit gebracht, sie gab ihm auch den Anstoß, im Sinne seiner neuen politischen Haltung mit verstärktem Einsatz aufzutreten. Solange Jeremia nur gegen die Völker weissagte, wurde er kaum behelligt – weder durch das Volk noch durch den König. Da aber seine Sendung an erster Stelle Juda betraf, konnte er seinen Landsleuten nicht verschweigen, welches Schicksal Nebukadnezzar, die Geißel Gottes, ihnen bereiten wird.

Anfangs sprach er noch in Gleichnissen, bis schließlich seine neue politische Linie offen zum Ausdruck kam und er den König in Person anredete. Dies führte zum Bruch.

1. Die Gleichnisse

Es geht um die Gleichnisse von den Weinkrügen, vom zerschmetterten Krug und von der »Last« Jahwes. Hier wird noch niemand angegriffen. Die Worte wenden sich allgemein an das Volk.

Das Gleichnis vom Weinkrug (13,12-14) beginnt mit dem Wort: »Jeder Krug wird mit Wein gefüllt!« Man hat es als Zecherscherzwort gedeutet, mit dem sich die Zecher zum Trinken aufforderten und sich selbst als »Krüge« bezeichneten, die mit Wein gefüllt werden sollten. Jeremia greift dieses Wort auf und macht aus dem Zecherwort ein Wort Gottes: Jahwe füllt die Bewohner des Landes mit Trunkenheit, daß sie torkelnd aneinander stoßen und so zerschlagen werden. Wie Trunkene rennen sie in das Verderben.

Ein zweites Gleichnis handelt *vom zerschmetterten Krug*, bei dem Jeremia in Konflikt mit dem Aufseher der Tempelpolizei geriet (vgl. 19,1-2.10-11a.14-15; 20,1-6).

Wir haben es hier mit einer symbolischen Handlung zu tun, wie sie bei den Propheten üblich war, wenn sie ihre Botschaft veranschaulichen wollten. Im ersten Teil wird der Befehl und die symbolische Deutung dem Propheten mitgeteilt. Darauf folgt ein Er-Bericht, der die Ausführung am Scherbentor voraussetzt und eine Rede des Propheten im Tempel bringt, in der die Deutung ohne Bild gegeben wird: Jerusalem und die Städte, die zu Juda gehören, werden zerstört.

Im dritten Teil, wahrscheinlich von Baruch, werden die Folgen dieser

Rede berichtet. Paschhur, der Leiter der Tempelpolizei, ließ Jeremia verhaften und im Wachlokal am oberen Benjamintor »in den Block legen«, wie man etwa einen Rasenden oder Verrückten behandelt. Der Ausdruck kann bedeuten, daß diese Behandlung nichts anderes war als eine Nacht Arrest, um den Eindruck des Schreckens in Spott zu verwandeln. Jedenfalls entließ ihn Paschhur am anderen Morgen. Vielleicht wagte er auch nicht weiter zu gehen, da er wußte, daß Jeremia noch einflußreiche Gönner am Hof hatte. Jeremia aber nimmt nichts von der Strafandrohung zurück. Im Gegenteil: Er sagt, daß die Strafe Paschhur selbst treffen wird und gibt ihm einen neuen Namen »Schrecken ringsum«. Die folgenden Verse, die eine Begründung der Strafe sind, erweitern die Drohung auf die Freunde, auf Jerusalem und auf ganz Juda. Damit will Jeremia sagen, daß er seine Rede vom vorhergehenden Tag auch nach seiner »Ernüchterungskur« aufrecht hält.

Das dritte Gleichnis wird in der Form eines Spruches von der *»Last Jahwes«* gegeben (23,33-40). Der Spruch spielt mit der Doppeldeutigkeit des Wortes »massa«, das »Last« bedeutet, aber auch für einen Gottesspruch verwendet wird. Anlaß dazu wird wohl eine Frage nach einem Gottesspruch gewesen sein, wobei der Ausdruck »massa Jahwes« ironisch gebraucht wurde: »Wie lautet der Last-Spruch Jahwes?« – Aber von einer Last, von einer Bedrohung merkt man nicht viel! Jeremia aber macht aus dem Spott Ernst: Nicht das Gotteswort ist eine Last, sondern die frivolen Frager sind es, doch sie sind eine Last, die Jahwe abwerfen wird! Und in V. 34 erklärt der Prophet, daß man diesen Ausdruck nicht mehr gebrauchen sollte. Dagegen scheinen die Verse 37-40 eine spätere Erweiterung zu sein.

2. *Absage an die davidische Dynastie*

Obwohl der Konflikt mit Paschhur dem Propheten Schwierigkeiten bereitet hatte, ließ Jeremia nicht ab von seiner Verkündigung. Er machte auch nicht Halt vor dem König selbst und geißelte schonungslos seine Sozialpolitik; zum Beispiel in einer *Rede im Königspalast über die Ungerechtigkeit* (22,1-10). In erster Linie wird der König angesprochen, dem die Gerichtsbarkeit im Lande zusteht, und mit ihm seine Beamten und das ganze Volk. Gegenstand dieser Rede ist die Forderung Gottes nach einer gerechten Rechtssprechung, die unter

Jojakim offenbar nicht eingehalten wird. Nur dann, sagt der Prophet, kann sich der König mit Recht auf die Wirksamkeit des Davidbundes berufen, wie er in V. 4 im Stil der Bundesüberlieferung geschildert wird. Doch der folgende Spruch beweist, daß Jeremia die Hoffnung auf eine Wirksamkeit des davidischen Bundes für das israelitische Königtum endgültig aufgegeben hat. Gilead und Libanon waren im Altertum durch ihre Wälder berühmt. Vielleicht spielt Jeremia auch auf den mit Zedernholz erbauten Königspalast an. Aber Jahwe »weiht« gegen den Palast die Verderber, die die Zedern fällen und verbrennen. Wie er ehemals den Krieg des Volkes gegen seine Feinde angeführt hat, so führt er jetzt selbst die Heere des Feindes gegen sein Volk an. Die Schlußverse betonen noch einmal die Begründung mit dem Bundesbruch. Aber hier wird die Strafe nicht vom Königshaus, sondern von Jerusalem ausgesagt. Diese ermahnende Auslegung dürfte eine spätere Umdeutung sein.

Ein *neuer Spruch gegen das Königshaus* (21,11-14) hat dieselbe Zielsetzung: Er beginnt mit der Mahnung, gerechtes Gericht zu halten, denn Jahwe selbst wacht über die Einhaltung der Rechtsordnung. V. 13 aber zeigt, daß die Mahnung in den Wind geschlagen wird. Jerusalem – der Königspalast – thront über dem Tal auf einem ragenden Felsen. So wiegt man sich in Sicherheit. Nun aber spricht Jahwe das Gericht über jene, die nicht gerecht richten; er spricht Recht nach Taten. Er legt Feuer an ihren Wald. Wahrscheinlich denkt Jeremia an das Libanonwaldhaus, den Teil des Palastes, der aus Zedernholz erbaut war. Mit diesem Libanonwaldhaus wird auch die ganze Umgebung der königlichen Residenz verbrannt.

Im Gedicht 22,13-19 wendet sich Jeremia *gegen den König* selbst. Seine Kritik beginnt mit dem Luxusbau eines Palastes oder eines neuen Stockwerkes auf dem Palast in Jerusalem. Der König läßt ihn reich ausstatten und bringt nach ägyptischem Muster ein »Erscheinungsfenster« an, wo er sich bei Empfängen aufstellen kann. Aber das Schlimmste ist, daß das Recht verletzt wird. Die Bauten werden durch die Fron der Volksgenossen erstellt, und der gerechte Lohn wird den Arbeitenden verweigert. Wie unwürdig erscheint der Sohn im Vergleich zu seinem Vater Joschija! Der Spruch endet mit der Strafandrohung, daß diesem Despoten nicht nachgetrauert wird. Die Zitate in V. 18 sind Anfangsworte von Totenklageliedern.

3. Jojakim verbrennt die erste Schriftrolle des Jeremia

In diese bewegte und für Jeremia gefahrvolle Zeit fällt der Entschluß des Propheten, auf Jahwes Geheiß, seine Sprüche niederzuschreiben, um ihnen mehr Gewicht zu geben. Damit aber wird er sich die offene Feindschaft des Königs zuziehen. In 36,1-4 haben wir einen Bericht über *die Entstehung der Buchrolle,* für die das vierte Jahr Jojakims angegeben wird, das Jahr 605. Somit fällt die erste Sammlung und Niederschrift der Sprüche des Propheten mit jenen entscheidenden Ereignissen zusammen, die die babylonische Vorherrschaft gesichert haben. Aber den eigentlichen Grund führt Jeremia auf einen Befehl Gottes zurück. Man schrieb wohl in senkrechten Kolumnen auf Papyrusstreifen, die seitwärts mit Hilfe von zwei Stäbchen zum Lesen aufgerollt wurden. Welche Sprüche zu dieser Rolle gehörten und welche später, nach 36,32, hinzugefügt wurden, läßt sich nur noch vermuten. Vielleicht erreicht die Aufzeichnung aller Drohworte die Bekehrung Judas, die schon die mündliche Verkündigung bezweckte, aber nicht erreichte (36,1-3). Zur Ausführung des göttlichen Befehls (36,4) nimmt sich Jeremia einen Schreiber oder Sekretär, dem er nach dem Gedächtnis oder nach früheren Aufzeichnungen diktierte. So erscheint an der Seite des Propheten *Baruch*, der sein Biograph wird, denn von Kapitel 36 an ist fast alles Bericht des Baruch über Jeremia. Man weiß nicht, wie lange die Aufzeichnung dauerte. Jedenfalls besteht ein gewisser Zeitraum zwischen dem Bericht von 36,1-4 und den folgenden Versen. In diesen Zusammenhang gehört auch eine Perikope aus Kapitel 25.

Es handelt sich dabei um eine Rede, in der *die Bedeutung des Buches* klar zum Ausdruck kommt (25,1-14). Der Text faßt die Verkündigung von dreiundzwanzig Jahren zusammen und weist zugleich in V. 13 auf das Buch hin, in dem die Verkündigung niedergeschrieben ist. Es dürfte sich daher eher um eine fiktive Rede handeln, die als Einleitung oder als Abschluß der Urrolle von Baruch dem Buch beigefügt wurde. Nur stellenweise erkennt man den Rhythmus der Prosareden des Jeremia, wobei es sich aber um Zitate aus den Reden des Propheten handelt (vgl. V. 5f.9f). Wichtig aber ist, daß hier zum erstenmal die Dauer der Strafe angegeben wird: siebzig Jahre, das heißt eine große Zahl, ein ganzes Menschenalter.

Im Anschluß an die Entstehung der Buchrolle wird von der *»Ver-*

öffentlichung« der ersten Ausgabe des Buches Jeremia berichtet (36, 5-20). Sie bestand darin, daß Baruch im Auftrag des Propheten die Buchrolle öffentlich im Tempel dem Volke vorlas. Jeremia selbst war verhindert, nicht weil er verhaftet gewesen wäre (vgl. V. 19), sondern wahrscheinlich, nach Jer 20,1ff, weil Paschhur über den Propheten ein Tempelverbot verhängt hatte. Ein Fasttag, an dem viel Volk aus Juda zum Tempel kam, bot Jeremia die Gelegenheit, der Veröffentlichung größtmögliche Verbreitung zu geben. Da es damals noch keinen regulären Festtag gab, wurde er wegen irgendeiner Not ausgerufen. Baruch gibt genau die Stelle an, wo er das Buch vorlas: Die Kammer des Gemarja, des Sohnes Schafans. Gemarja war ein königlicher Staatsschreiber und nicht bei der Verlesung anwesend, weil er an einer Sitzung des Ministerrates teilnehmen mußte. Aber sein Sohn Micha hörte dem Baruch zu und eilte sofort, den Ministern Bericht zu erstatten. Zwei der Mitglieder des Rates wurden abgesandt, um Baruch herbeizuholen und sich das Buch vorlesen zu lassen. Im Kreise der Minister des Königs las Baruch das Buch zum zweitenmal vor und gab auch nähere Auskunft über die Entstehung der Buchrolle. Auch sie waren tief bewegt und beschlossen, die Sache dem König zu melden. Doch ließen sie das Buch im Ratszimmer zurück und gaben dem Baruch auf alle Fälle den wohlgemeinten Rat, zu fliehen und sich mit Jeremia versteckt zu halten.

In der folgenden Szene (36,21-26) wird geschildert, wie der *König im Innenhof das Buch verbrannte.* Durch den ägyptischen König war Jojakim auf den Thron gekommen, und er war nicht geneigt, sich dem König von Babel zu unterwerfen, wie es die politische Verkündigung des Propheten verlangte. Ebensowenig ließ er sich beeindrucken vom Aufruf zur Bekehrung, für die er kein Verständnis hatte. Er schickt sogar seine Polizeiwache auf die Suche nach Jeremia und Baruch. Aber die beiden waren nicht aufzufinden und entgingen den Häschern. Erst am Ende der Regierung des Jojakim durfte sich der Prophet ohne Gefahr in der Öffentlichkeit zeigen.

Das Schlußkapitel (36,27-32) berichtet von einer *zweiten Niederschrift der Buchrolle,* mit einem zusätzlichen Drohwort gegen den König Jojakim. Gerade dieses Drohwort erinnert daran, daß die Feindschaft des Königs gegen Jeremia hauptsächlich durch seine politische Verkündigung verursacht war und daß also die Verbrennung der Rolle nicht zur Zeit der Eroberung von Aschkelon erfolgt sein kann. Das Drohwort hat sich insofern erfüllt, daß Jojachin, der Sohn des Jojakim, der letzte Davidssproß auf dem Königsthron von Juda war. Diese neue Niederschrift mit Zusätzen, ebenso die Bemerkung in V. 32 über die Hinzufügung von ähnlichen Worten, geben uns einen Begriff von der Entstehung der Prophetenbücher: Die ursprünglich mündliche Verkündigung wurde erst später redigiert und öfters ergänzt durch Worte ähnlichen Inhalts.

III. Die »Bekenntnisse« Jeremias (zweiter Teil)

Wie früher die Nichtbeachtung in Anatot, so hat die Flucht in die Verborgenheit eine Krise in der Seele des Propheten hervorgerufen. Einige Gedichte, die im Kapitel 20 des Buches, im Anschluß an den Zusammenstoß mit Paschhur, berichtet werden, dürften über die inneren Kämpfe des erfolglosen Propheten Aufschluß geben.
Dieser Teil der »Bekenntnisse« stammt zweifellos aus der Zeit, da er den Tiefstand seiner Wirksamkeit als Prophet erlebt und andererseits den Höhepunkt seiner inneren Not und seelischen Krise erreicht hatte. In der prophetischen Literatur steht die Verwegenheit dieser leidenschaftlichen Ausdrucksweise einzigartig da. Wüßte man nicht, wie intim, ja familiär Jeremia mit seinem Gott, mit dem er wirklich auf »Du« stand, verkehrte, wäre der Ausbruch seiner Verzweiflung reine Blasphemie.

1. Du hast mich verführt, Jahwe (20,7-9)

Du hast mich verführt, Jahwe, und ich ließ mich verführen!
Du hast mich gepackt und vergewaltigt!
Zum Gelächter bin ich Tag für Tag:
Ein jeder spottet mein!

So beginnt das Gedicht mit dem Bild von der Verführung eines Mädchens, das mit Hinterlist und Vertrauensbruch betört wurde. Das bedeutet ohne Bild, daß ihn Jahwe mit falschen Versprechungen zum Prophetenamt gelockt hat, denn er richtet nicht nur nichts aus, er ist zum Gelächter geworden für alle, zu denen er gesandt wurde. Der

folgende Vers bietet eine Parallele: Wenn der Prophet im Namen Jahwes spricht, so bekennt er, möchte er lieber aufschreien und den Hilferuf des vergewaltigten Mädchens ausstoßen, wie es das Gesetz verlangt (Dtn 22,23-27), denn der beste Beweis für die Irreführung ist, daß ihm seine Verkündigung nur Schimpf und Schande einbringt. Jeremia bekennt, daß ihm oft die Versuchung kam, den Namen Jahwes nicht mehr zu nennen. Aber ein innerer Drang, *wie ein brennend Feuer,* verhinderte den Abfall von seiner Berufung. So schildert er seine verzweifelte Lage: Schweigt er, hat er keine innere Ruhe, redet er, antwortet ihm nur das Echo mit Spott und Gelächter.
In diesem für die prophetische Berufung so bemerkenswerten Gedicht offenbart Jeremia auch, wie sicher er zwischen der Stimme Gottes und der seines eigenen Ich unterscheiden konnte (vgl. auch 15,10-20). Das gilt gewiß von allen Propheten, aber keiner hat so offen die Gegensätzlichkeit des menschlichen und des göttlichen Willens erfahren. Wenigstens hat keiner so offen davon gesprochen.

2. *Hoffnung auf Sieg über Spott und Haß (20,10-13)*

Treue Freunde berichten dem Propheten in seinem Versteck, wie man in den Straßen der Stadt flüstern hört: Denunziert doch diesen *»Grauen-ringsum«,* und wir zeigen ihn an bei der Obrigkeit. Der Name, den er Paschhur gegeben hatte (Jer 20,3) und den er öfters in seiner Verkündigung gebrauchte, um die Lage Judas aufzuzeigen (vgl. 6,25; 46,5; 49,29), wird jetzt auf ihn selbst angewandt. Sogar jene, die sich als seine Freunde ausgegeben hatten, sind dieser Psychose des Denunziantentums verfallen und lauern auf seinen Untergang. Aber selbst die Stunden der Verzweiflung haben sein Gottvertrauen nicht ausgelöscht. Nicht er wird zuschanden und besiegt aus der Prüfung hervorgehen, sondern seine Feinde und Gegner. Denn Jahwe prüft den Gerechten. Und weil er sich ganz auf Jahwe verläßt, ist er des Sieges sicher. Darum stimmt er zum Schluß das Danklied für seine Befreiung an, als ob sie schon verwirklicht wäre.
Dieses Gedicht ist ganz im Stil der Klagelieder gehalten, wie er uns aus den Psalmen bekannt ist: Die Rede der Feinde als Klage, das Vertrauen auf Gott, die Begründung des Vertrauens und die Sicherheit der Erhörung, das Danklied: ein sicherer Beweis, daß die Stellung des Propheten zum Kult nicht so negativ aufzufassen ist, wie man

es oft aus 7,21ff schließen wollte. Das Gedicht zeigt auch, daß die Zeit der Verborgenheit nicht nur eine Zeit der Verzweiflung war. Es verrät etwas vom Stimmungswechsel, den Jeremia in dieser Zeit erfahren hat. Verzweiflung und Gottvertrauen lösten sich ab, wie es aus dem folgenden Gedicht ersichtlich ist.

3. Verflucht der Tag, an dem ich geboren (20,14-18)

Der Doppelvers am Anfang ist gleichsam eine Überschrift, die den Inhalt ankündigt: Verflucht ist der Tag, an dem ich geboren. Ähnlich drückt sich Ijob 3,3ff aus. Während aber Ijob danach den Fluch des Tages dichterisch erweitert, wechselt Jeremia zum Fluch über, welcher auf dem Mann lastet, der dem Vater die frohe Kunde von der Geburt seines Sohnes brachte und ihn damit erfreute. Besonders wenn er als Wunschsatz gedeutet wurde, hat man diesen Fluch stets als merkwürdig empfunden, weil ja der Bote unschuldig ist. Noch schwieriger ist dieses Verständnis beim Vergleich des Mannes mit den Städten, die Jahwe ohne Bedenken zerstörte, also Sodom und Gomorra. In der präsentischen Auslegung dagegen konstatiert Jeremia nur den Fluch: er bedauert den Boten, weil er, wie alle Männer seiner Generation, dem Fluch der Zerstörung und des Untergangs nicht entrinnen kann. Jahwe hat ihn über Juda und Jerusalem verhängt, wie einst über Sodom und Gomorra.

Angesichts dieses Fluches, in den er selbst eingeschlossen ist, weil auch er den Untergang seines Volkes miterleben muß, geht er zum Schluß über zu den Verzweiflungsausbrüchen, die sich in Ausrufen und Frage Luft machen: Daß man mich nicht tötete im Mutterleib! Dann wäre der Mutterleib mein Grab! Das undefinierte Fürwort dürfte sich eher auf Gott, dem das Töten allein zusteht, als auf den Boten beziehen. Daneben steht die bittere Frage nach dem Warum seiner Existenz, die für den Propheten ein qualvolles Rätsel ist. Denn er weiß sich berufen, den Untergang zu verkünden, um das Volk zur Bekehrung zu bewegen. Aber er weiß auch, daß die Katastrophe unabwendbar ist.

4. Das Schicksal des Baruch (45,1-5)

Nicht nur Jeremia geriet in Seelennot nach dem Mißerfolg der ersten Buchrolle, auch Baruch sein Schreiber. Der Prophet tröstet ihn mit einem Gotteswort, das aber zunächst eine Zurechtweisung ist, denn er kann dem Schicksal des Volkes nicht entrinnen. Es heißt wirklich etwas »Großes« begehren, wenn man dem Ratschluß der Vorsehung ausweichen will. »Begehre es nicht«, sagt ihm Jeremia. Und Baruch wird auch die ganze Katastrophe des Untergangs, einschließlich der Entführung nach Ägypten, miterleben müssen. Immerhin erhält er die Zusicherung, daß er auf allen Stationen des langen Leidensweges sein nacktes Leben retten wird.

IV. Jerusalems erste Belagerung (597)

Wegen des Todes seines Vaters Nabopolassar mußte Nebukadnezzar die Schlacht bei Karkemisch abbrechen, um seine Thronnachfolge zu sichern. Darum konnte es sich Jojakim leisten, weiterhin als Verbündeter des Pharao aufzutreten, das heißt die proägyptische Partei in Jerusalem zu begünstigen und Jeremia, der Nebukadnezzar als gottgewollte Geißel verkündete, zu verfolgen.

Doch es konnte nicht lange so weitergehen. Schon im Jahre 604 unterjochte Nebukadnezzar die rebellierenden Vasallen. Aber Jojakim hielt die Vasallentreue nur drei Jahre lang (2 Kön 24,1). Im Jahre 600 unternahm der Großkönig einen neuen Feldzug, unterlag jedoch in einer Schlacht gegen die Ägypter. Das konnte der proägyptischen Partei in Jerusalem nur den Rücken stärken und Jojakim veranlassen, die Tributzahlung zu verweigern. Tatsächlich brauchte der babylonische König zwei Jahre, um sein Heer wieder so weit zu reorganisieren, daß er einen Feldzug gegen Jerusalem unternehmen konnte.

In der Zwischenzeit sandte er einige Truppen vereint mit den treugebliebenen Vasallen in den Nachbarstaaten Edom, Moab und Ammon gegen den König von Juda. In dieser Zeit starb Jojakim. Man kann nur vermuten, da er noch jung war (36 Jahre), daß er im Kampf mit diesen kriegerischen Banden aus den Nachbarstaaten gefallen ist. Sein Sohn Jojachin (18 Jahre) folgte ihm auf dem Thron.

Im Dezember des Jahres 598 war Nebukadnezzar wieder in der Lage, ein gut ausgerüstetes Heer gegen Jerusalem in Bewegung zu setzen. Die Leute vom Lande flüchteten in die befestigte Stadt, um dem Raub und dem Mord zu entfliehen. Unter ihnen befand sich auch Jeremia. Jojakim war tot. Da sich seine Weissagung über den Einfall Nebukadnezzars bewahrheitete, ließ man den Propheten gewähren.

1. Die Einfälle der Nachbarvölker

Zu der Nachricht von 2 Kön 24 passen einige Gedichte aus Kapitel 12 und 13 des Buches Jeremia.

12,7-13 enthält eine *Klage Jahwes über sein Erbe.* Eine Verbindung mit dem vorhergehenden Abschnitt besteht nicht. Die Klage Jahwes gehört auch nicht in den Zusammenhang mit dem »Feind aus dem Norden«, sondern mit den Eindringlingen aus dem Osten (Moab-Ammon), die nach V. 12 über die Wüstenhügel kommen. Das Gedicht hat eine Fülle von Bildern: Juda ist ein verlassenes Haus, ein Liebling, ein Löwe im Wald, ein Buntvogel, ein Weinberg, eine Wüste. Die Feinde sind Eroberer, Raubvögel, Hirten und Räuber. So zieht der Dichter eine Reihe von Registern, um sein Lied über die traurige Lage des Landes recht eindrucksvoll zu gestalten: Juda ist verlassen von Jahwe, es ist den Feinden preisgegeben, die es überfallen, die Ernte vernichten, so daß alle Mühe des Säens umsonst war.

Verschieden von diesem Gedicht ist der folgende Spruch, wie es die neue Einleitung und die andere Thematik andeuten. 12,14-17 verkündet *Gericht und Heil für die Nachbarvölker.* Weil sie Jahwes Erbbesitz (sein »Haus« in 12,7) angetastet haben, verdienen sie das Gericht in Form von Entwurzelung, das heißt des Exils. Zugleich wird auch ihnen, wie Juda, das Heil verheißen, die Rückkehr, was vielfach als Grund angeführt wird, um an der Echtheit des ganzen Spruches oder eines Teiles (15ff) zu zweifeln. Aber der Gedanke der Heidenbekehrung wurde schon von Jesaja (2,1-4) ausgesprochen, doch die Ausdrucksweise »ausreißen« und »bauen« ist echt jeremianisch. Zudem ist der Gedanke einer Exilierung und Rückführung der Völker in der spätjüdischen Eschatologie nicht gut zu erklären.

In diesen Zusammenhang gehört *die Schändung Jerusalems:* 13,20-27. Hier ist Jerusalem, wie in der ersten Verkündigung des Propheten (vgl. Kapitel 2-3), als buhlerisches Weib angesprochen. Die Stadt erlebt das Schicksal einer Buhlerin und wird für ihre Ehebrecherei bestraft. Nur war früher die Strafe bedingt angedroht, während sie nun unabwendbar ist. In diesem Sinn (d.h. auf dem Hintergrund von 2 Kön 24,1 und Jer 12,7ff) ist V. 20 ein Hinweis auf die Vorbereitungen Nebukadnezzars für sein Eingreifen im Süden seines Reiches. Mit dem Bild von der verlorenen Herde ist der Verlust der Grenzländer durch die Einfälle aus dem Osten angesprochen.

Die Verse 22-24 behandeln die Beziehungen zum Ausland, die nichts anderes sind als ein Buhlen um die Gunst der Großmächte, vor allem Ägyptens, was als Abfall von Jahwe zu verstehen ist, da durch den Bundesschluß Jahwe allein Garant für die Existenz Israels ist. Darum wird die Rache die sein, daß jene, die man gewohnt war, als Buhlen zu behandeln, nicht als Freunde, sondern als Sieger und Besatzungsmacht auftreten. Dieses Schicksal ist unentrinnbar wie die Wehen einer gebärenden Frau. Die Frage nach der Schuld wird in V. 24f weiter ausgeführt, eingeleitet durch einen Weisheitsspruch: Die Untreue wurde so zur zweiten Natur, daß sich Israel so wenig bessern kann, wie der Mohr seine Haut ändert. Das kommende Gericht wird mit der Spreu verglichen (vgl. Jer 4,11; 18,17). Die Schlußverse schildern die Strafe wieder im Bild der Buhlerin. Jahwe selbst deckt ihre Scham auf, als Antwort auf den sinnlichen Naturkult, der ja nur ein Trug ist. Dieser Abfall ist so allgemein, daß man überall, auf den Hügeln und im flachen Land, die Götzen, die als Greuel bezeichnet werden, sehen kann. Aber wie lange noch kann Jahwe diesem Geschehen tatenlos zusehen?

Darum ist auch hier von *der drohenden Gefangenschaft* die Rede: 13,15-17. Das Gedicht klingt wie ein verzweifelter Aufruf zur Umkehr, ehe es zu spät ist. Das ist der Sinn der Bilder von der Dämmerung und vom Wolkendunkel, die drohend in der Zukunft stehen. Die Thronbesteigung Jojakims mag einen Lichtschimmer der Hoffnung geweckt haben, denn ein neuer Mann konnte auch den Beginn einer neuen Politik einleiten. Aber wenn man nicht auf Jahwe hört, wird auch dieses Licht in der von Jahwe angedrohten dunklen Zukunft untergehen. In seinem Versteck kann Jeremia nur weinen über diesen Hochmut, der eine echte Bekehrung verhindert und so das Volk in die unvermeidliche Katastrophe des Exils führt. Ein anderes Motiv klingt an: Dürre und Hungersnot, wie schon in 12,13.

2. *Dürre und Hungersnot (8,18-23 und 14,17-22)*

In seiner frühen Verkündigung hatte Jeremia von Dürre und Hungersnot gesprochen. An den betreffenden Stellen im Buch des Propheten finden sich aber Texte, die nicht in die Zeit des Joschija passen, weil sie einerseits eine unabwendbare Strafe ankündigen und andererseits die Kriegsnot mit einschließen, wie die Klage über Hunger und Kriegsnot (8,18-23). Das Thema ist in V. 20 und 23 enthalten. Jeremia macht sich die Not des Volkes zu eigen und stimmt ein Klagelied an, in dem Gott aufgerufen wird, an sein Volk zu denken. Die Antwort ist in der Gegenfrage Jahwes gegeben. Sie deckt den eigentlichen Grund der Not auf: Es ist der Götzendienst. Der Prophet selbst fühlt sich betroffen. Wie eng er sich mit seinem Volk verbunden weiß, zeigt der wiederholte Ausdruck: »Tochter meines Volkes«. Darum quält ihn die Sorge, wie er Linderung und Heil verschaffen könnte. Aber zu dieser Zeit weiß er auch, daß das Volk den Weg des Heiles nicht mehr begehen will, und ihm bleibt nichts anderes übrig, als die Opfer dieser Verblendung zu beklagen. Die Einfälle der Nachbarvölker haben sicher viele Todesopfer verursacht und vielfach die Ernte vernichtet.

14,17-22 bringt eine *neue Klage über Hunger und Kriegsnot.* Es ist vielleicht ein liturgisches Gebet (Klage und Antwort Gottes), wie der vorhergehende Abschnitt (14,1-16) aus früherer Zeit, dem es im Aufbau entspricht. Nur ist die Klage gedrückter, das Bekenntnis (V. 19-22) eindringlicher: Hast du Juda ganz verworfen? Anschließend folgt die Bitte, um des Namens Jahwes und um der Ehre des Thrones seiner Herrlichkeit das heißt der Bundeslade, willen und schließt mit dem Treuebekenntnis.

In der *Antwort Gottes* (15,1-4) weigert sich Jahwe, der Fürbitte des Propheten zu entsprechen. Ja, Jeremia erhält den Befehl, das Volk aus dem Tempel zu jagen: Schicke sie weg von meinem Angesicht! Das bedeutet, daß er die Verwirklichung der angedrohten Katastrophe zu weissagen hat. In der Beschreibung des Gerichtes kehrt die Trilogie wieder: Pest (Synonym von Tod), Hunger und Krieg (Synonym von Schwert). Diesen drei Plagen, die aus der Frühverkündigung bekannt sind, wird nun eine vierte Strafe beigefügt: Gefangenschaft! Jeremia weiß, daß Nebukadnezzar, der Beauftragte Gottes, vor der Tür steht. Schließlich wird auch die Begründung gegeben: der Abfall von Gott, wofür Manasse als Repräsentant genannt wird, weil die Einführung der assyrischen Götzenkulte ihm zur Last gelegt wird. Jeremia hat diesen Dialog mit Gott als Fürbitter begonnen, aber er mußte ihn beenden mit der Verkündigung des Unheils, das er abwenden wollte.

3. Die vorbildliche Treue der Rechabiter (35,1-19)

Als Nebukadnezzar im Anmarsch war und das Volk des Landes in die Stadt flüchtete, suchten auch die Rechabiter Zuflucht in Jerusalem. Diese waren ein nomadischer Volksstamm, der auf die Vorteile der Kultur verzichtete. In V. 1-11 wird die Erprobung der Treue der Rechabiter geschildert, die Jeremia auf ein Gotteswort hin vornimmt. Gewiß war der Prophet von dieser Treue überzeugt, aber er wollte eine symbolische Handlung dem Volk als Anschauungsunterricht für seine Lehre vorführen, und anschließend ein motiviertes Strafgericht verkünden. Die Rechabiter waren eine israelitische Volksgruppe, die von 1 Chr 2,55 auf einen gewissen Hammat als Ahnherrn zurückgeführt wird, von Jeremia aber auf Jonadab, den Sohn des Rechab. Immerhin hat uns Jeremia die Angaben über ihre Eigenart überliefert: Verzicht auf Weingenuß, auf Ackerbaukultur und auf ein seßhaftes Leben. Aus diesem Bericht geht aber nicht hervor, ob diese asketische Lebensweise religiös (reiner Jahwismus des ursprünglichen Nomadenvolkes) oder politisch (politische und kulturelle Unabhängigkeit) begründet war. Jeremia erklärt nicht ihre religiöse Gesinnung als vorbildlich, sondern ihre Treue zur Überlieferung.

V. 12-16 folgt ein Gotteswort über die Untreue Judas als Gegensatz zu dieser Treue. Diese Ansprache setzt voraus, daß das Volk Zeuge der symbolischen Handlung war, und Jeremia zieht nun daraus die Lehre. Wenn diese Menschen schon einem menschlichen Gebot die Treue hielten, wie viel mehr sollte man dem Wort Gottes gehorchen. Hinzu kommt, daß Gott seinen Willen immer wieder durch die Propheten kundgetan hat. Wie muß also dieses Beispiel ein Volk beschämen, das seinem Gott nicht folgt und anderen Göttern nachläuft. Die Rede schließt mit dem Gottesspruch über Juda und die Rechabiter. Er verkündet für Juda die Verwirklichung des angedrohten Unheils und im Gegensatz dazu die Belohnung der beispielhaften Treue der Rechabiter. Diese Belohnung ist die Verheißung eines dauernden Bestandes im Dienst Jahwes. Damit ist sicher nicht ein Priester- oder Prophetendienst gemeint. Es wird wohl so sein, daß diese Gemeinschaft der Rechabiter, im Gegensatz zum Volk Israel, stets auch Jahwe die Treue halten wird – als Belohnung für die Treue zur Volksüberlieferung.

4. Während der Belagerung Jerusalems

Der Feldzug Nebukadnezzars begann im Dezember des Jahres 598. Die Belagerung der Stadt hat begonnen oder steht unmittelbar bevor. In einem Spruch 22,20-23 verkündet Jeremia *Jerusalems Heimsuchung*. Jerusalem wird angesprochen, Jahwe selbst fordert die Stadt zur Klage auf. Die genannten Berge grenzen das Land ab: Im Norden der Libanon, im Nordosten der Baschan und im Südosten das Abarimgebirge, zu dem die Gipfel des Pisga und Nebo gehören. Diese Orte sind aber vom Feind schon besetzt, und so zeigt sich die Unabwendbarkeit der Katastrophe. Es besteht keine Hoffnung mehr, denn die »Freunde«, eigentlich die »Liebhaber«, sind zerschmettert. Das Volk war gewarnt worden, als es noch in Sicherheit war, aber es hat die Warnung in den Wind geschlagen. Darum »weidet sie der Wind«. Die Hirten, das heißt die Führer des Volkes, die zur Weide führen sollten, werden nun selbst weggeführt und teilen das Los ihrer Bundesgenossen.

Im Schlußvers wird Jerusalem mit einem Vogel verglichen, der in den Libanonzedern nistet. In stolzem Dünkel wähnt man sich außer Reichweite des Feindes. Vielleicht spielt Jeremia auch auf den Königspalast an, in dessen »Libanon-Wald« der König wohnte (vgl. 22,14f). Aber der Prophet weiß, daß die Angriffswellen der Belagerer über die Stadt kommen wie Krämpfe einer Gebärenden und die falsche Sicherheit erschüttern werden.

Nun folgt ein *Doppelspruch über Jojachin* (22,24-30), dessen erster Teil die Gefangennahme weissagt, der zweite sie voraussetzt. Der erste Spruch spricht Jojachin in der Kurzform Chonjahu an. Das Bild vom Siegelring bedeutet nach Hag 2,23 die Auserwählung durch Jahwe. Die Überreichung des Siegelrings gehörte vielleicht zum Ritual der Thronbesteigung. Der Schwur Jahwes aber ist nicht Einleitung zur Auserwählungsformel, sondern zur Verwerfung. Die folgenden Verse deuten das Bild: Der König und seine Mutter werden in ein fremdes Land abgeführt, dort werden sie auch sterben. Der zweite Spruch ist nach der Wegführung Jojachins entstanden. Er beginnt mit den Fragen, die sich wohl das Volk stellte, war doch Jojachin der rechtmäßige Nachkomme Davids. Die Antwort beginnt pathetisch mit dem Ausruf: Land! Jeremia weiß, daß dies ein Wendepunkt in der Geschichte des Davidshauses ist, weil mit ihm das davidische Königtum in Juda

aufhört: Jojachin wird registriert als »kinderlos«, was nach V. 30c nicht bedeutet, daß er keine Nachkommen haben wird, sondern daß sie nicht mehr auf der Königsliste stehen werden.
Die verzweifelte Lage der belagerten Stadt ist in einem *Klagelied* geschildert, das kurz vor der Kapitulation entstanden sein dürfte: 15, 5-9. Im Stil des Klageliedes beginnt der Prophet mit der Frage nach Mitleid (vgl. Nah 3,7; Klgl 1,2.7.16.21; Jes 51,19). Trotzdem muß er das Urteil Jahwes über die Stadt verkünden. Das Volk selbst hat es verschuldet, und Gott ist des Erbarmens müde geworden. V. 7 beschreibt das Gericht im Bild des Worfelns von Getreide, wie schon 13,24: Das Volk wird weggefegt wie die Spreu im Winde. V. 8 schildert die Wirkungen des Krieges am Frauenschicksal. Die Witwen verlieren ihre Männer, die Mütter verlieren ihre jungen Söhne im Krieg, und zwar »am Mittag«, das heißt in der Blüte des Lebens. Der Schlußvers verdeutlicht die Grausamkeit des Gerichts an einem Einzelschicksal: Eine Mutter von sieben Söhnen erhält die Nachricht vom Tod ihrer Kinder. Der Schlag trifft sie, denn ihr Stolz und ihr Glück ist endgültig dahin. Das Klagelied endet mit der Drohung des gewaltsamen Todes durch das Schwert für die Überlebenden.

5. *Die Unterwerfung und Gefangenschaft*

Jojachin kapitulierte Mitte März 597. Er wurde mit seiner Familie und seinen obersten Beamten nach Babel deportiert. Ein letzter Spruch an König Jojachin (13,18-19) dürfte in die Zeit passen, da der König die Kapitulation beschlossen hatte. V. 18 nimmt Bezug auf den vorhergehenden Spruch (13,15ff), den Jeremia wahrscheinlich beim Regierungsantritt Jojachins gesprochen hatte. Er warnte darin vor dem Hochmut. Nun hat Jahwe die Demütigung angeordnet, denn Jojachin und seine Mutter Nehuschta (2 Kön 24,8), die »Herrin«, haben ihre Krone durch die Kapitulation verloren. Nun steigen sie vom Thron und setzen sich auf den Boden wie gewöhnliche Menschen. Die Städte des Südens sind bereits von der Hauptstadt abgeschnitten, so daß an einen verzweifelten Durchbruch nach Ägypten nicht mehr zu denken ist. Die Gefangenschaft ist die einzig übriggebliebene Möglichkeit.
Über das *weitere Schicksal des Königs Jojachin* berichtet 52, 31-34. Er lebte noch lange Jahre in Babel. Besonders nach seiner Begnadigung durch Ewil-Merodach (Amel Marduk) wurde sein Leben erträglicher

gestaltet. Im Palast des babylonischen Königs wurden vier Keilschrifttafeln aus der Zeit Nebukadnezzars gefunden, die seinen Namen erwähnen und berichten, daß gewisse Mengen von Sesamöl an ihn ausgegeben wurden. In Jerusalem aber herrschten *Trauer und Klage* (9,9-21).

Ein erstes Klagelied beschreibt die Verheerung des Landes (V. 9f), aus dem die Einwohner in die Stadt geflüchtet sind. Aber selbst Jerusalem wird dem Schicksal nicht entrinnen.

V. 11-15 begründet die Klage. Einleitend wird im Stil des Weisheitsspruchs die Frage nach dem »Warum« der Katastrophe gestellt. Weil man das Gesetz verließ und den Einflüsterungen des eigenen Herzens folgte, hat Jahwe beschlossen, das Gericht zu vollziehen.

In V. 16 wird das Klagelied wieder aufgenommen mit der Aufforderung, die Klageweiber zu rufen. Sie werden »weise Frauen« genannt, weil sie sich auf die Kunst des Klageliedes verstanden und die Atmosphäre der Trauer schaffen konnten. In V. 18 beginnt die eigentliche Klage mit dem charakteristischen »Ach«! der Klagelieder und beschreibt das traurige Los der Leute, die Hab und Gut verlassen mußten. Dies ist ein altes Lied, das in der Geschichte Jerusalems oft angestimmt werden mußte. Aber nun (V. 19) gilt es ein neues Lied zu lernen und zu lehren: »Es stieg der Tod durch uns're Fenster . . .«, mit der Beschreibung der Eroberung Jerusalems. Der Tod hält seine Ernte in den Häusern und auf den Straßen. Wie verlassene Garben liegen die Leichen verstreut, weil keiner Zeit hat, sie aufzulesen!

Vierter Teil
Unter Zidkija bis zur Zerstörung Jerusalems (597—586)

Nach der Eroberung hatte Nebukadnezzar die politischen Verhältnisse in Jerusalem geregelt. Er verzichtete darauf, aus Juda eine babylonische Provinz zu machen, und begnügte sich damit, den Vasallenstaat neu zu ordnen. Er setzte als neuen König einen Onkel des gefangenen Jojachin ein, Mattanja, einen jüngeren Sohn des Joschija, und änderte seinen Namen in *Zidkija* um, als Zeichen seines Hoheitsanspruchs. Jerusalem war beraubt und ausgeplündert, blieb aber als Staat bestehen, und das normale Leben konnte bald wieder beginnen. Bei dieser Aktion blieb jedoch Ägypten unbehelligt. Nach dem Abzug Nebukadnezzars hatte der Pharao sicherlich versucht, Juda wieder in eine antibabylonische Koalition hinein zu manövrieren. Erstrebenswerte Ziele fehlten nicht: Gewinnung der Unabhängigkeit und Wiedergewinnung der an die Nachbarvölker abgetretenen Gebiete. In Jerusalem hatte es seit eh und je eine proägyptische Partei gegeben, und zu dieser gesellte sich nun auch die nationalistische Partei als Bundesgenossin, weil sie für die Unabhängigkeit kämpfte. So stellte sich die Frage: Sollen wir mit der babylonischen Besatzungsmacht zusammenarbeiten, oder lohnt es sich eher, auf die Ratschläge der ägyptischen Diplomaten zu hören und den nationalen Widerstand zu organisieren?

In dieser Situation wurde Jeremia wieder, kraft seiner Sendung, in die politische Auseinandersetzung hineingerissen. Sein Konzept war klar und einfach: Nebukadnezzar ist von Gott als Werkzeug seiner Vorsehung auserkoren. Damit wurde die Unterwerfung unter die babylonische Oberherrschaft eine Forderung des Gehorsams gegenüber dem Willen Gottes. Der Mann, der in Jerusalem die Macht hatte, eine solche Politik durchzuführen, war der König. Aber die Politik der Zusammenarbeit mit der Besatzungsmacht ist in jedem Volk unpopulär und verlangt außerdem einen charakterfesten Mann.

Über Zidkija gibt Jer 52,1-3 ein *summarisches Urteil:* Er tat, was Jahwe mißfiel. Dieses Urteil ist sicher im Stil der deuteronomistischen

Redaktion der Königsbücher verallgemeinert, denn er ist nicht auf die gleiche Linie zu stellen wie der brutale und leichtfertige Jojakim. Zidkija war aber nicht der Mann, den die politische Lage verlangte. Offenbar war er ein schwacher und unentschlossener König. Er war geneigt, auf die Warnungen Jeremias zu hören, aber die Feinde des Propheten waren mächtig: Die Widerstandspartei hatte die offiziellen Propheten für sich gewonnen und Jeremia als Verräter verdächtigt (Jer 37,11-16).

So kam es, daß die Regierungsjahre Zidkijas für Jeremia eine Zeit leidenschaftlicher Kämpfe wurde. Noch einmal hat er sich auf Gedeih und Verderb in die politische Auseinandersetzung geworfen, als ob er noch in letzter Stunde das drohende Unheil von seinem Lande abwenden könnte.

I. Die politischen Auseinandersetzungen

1. Die schlechten Hirten und der Messias (23,1-6)

Daß dieser Spruch in die Zeit Zidkijas zu datieren ist, beweist die Schuld der »Hirten« und die Anspielung auf den Namen des Königs: *Jahwe sidkenu* (»Jahwe ist unsere Gerechtigkeit«) (V. 6). Er geht aus vom Bild des Hirten, der seine Schafe hütet, und wirft den Beamten, die das Volk im Namen des Königs regieren vor, daß sie ihre Hirtenpflicht vernachlässigt haben, so daß das Volk zerstreut wurde! Ein Hinweis auf die Gefangenschaft oder auf den zersetzenden Einfluß der Parteien und ihrer Führer in Jerusalem, gegen die der schwache König nicht aufkam. Aber Gott wird sie zur Rechenschaft ziehen.

Es folgt eine Heilsweissagung für das Volk, das abgeführt bzw. gespalten wurde, dann aber eine neue Regierung und den messianischen König erhalten wird:

> Siehe, es kommen Tage, Spruch Jahwes,
> und ich erwecke David den rechten Sproß!
> Er wird herrschen als König und wird klug sein,
> er schafft Recht und Gerechtigkeit im Lande!
> In seinen Tagen wird Juda gerettet,
> und Jerusalem wird ruhig wohnen.
> Und das ist sein Name, mit dem man ihn ruft,
> Jahwe ist unsere Gerechtigkeit.

Im Gegensatz zu den schlechten Hirten werden die neuen Regenten für den Frieden Sorge tragen. Der König wird nicht mehr ein Schwächling sein, sondern ein pflichtgetreuer Herrscher. Daß er »der rechte Sproß« genannt wird, könnte eine Anspielung auf Zidkija sein, der ungerechterweise von Nebukadnezzar als König eingesetzt wurde. Und wie Zidkija (= Jahwe ist meine Gerechtigkeit) einen neuen Namen bei seiner Thronbesteigung erhielt, wird auch der Friedenskönig einen Thronbesteigungsnamen erhalten: Jahwe ist unsere Gerechtigkeit. Daß aber diese Zeit in ferner Zukunft liegt, beweist der Ausdruck: »Siehe, es werden Tage kommen ...« Jeremia weiß, daß der gegenwärtige Zustand dem Untergang geweiht ist, aber er weiß auch, daß der von Gott verheißene »Sproß« des Jesaja (Jes 11,1) kommen wird, dessen gerechtes Regiment betont wird. Gerade daran mag ihn die Namensnennung des Zidkija erinnert haben.

V. 7f folgt ein *Spruch über die Rückführung Israels.* Er war ursprünglich ein selbständiger Spruch (er steht fast wörtlich in 16,14f). Da dem Propheten der Gedanke der Rückkehr aus der Gefangenschaft nicht fremd ist, dürfte mindestens ein Kern des Spruches echt sein.

2. *Botensprüche unter dem Jochholz (27,1-22)*

In dieser Zeit der politischen Wirren hat Jeremia wieder zur symbolischen Handlung gegriffen, um seiner Verkündigung mehr Nachdruck zu verleihen. Kapitel 27 enthält drei Botensprüche, in denen der Prophet als Bote Jahwes auftritt. Das Jochholz auf dem Rücken soll den Inhalt der Botschaft unterstreichen.

Der erste Spruch gilt den *ausländischen Diplomaten* (27,1-11). Jeremia wußte, daß wenn ihr Bemühen, Juda in einen Aufstand gegen Nebukadnezzar zu verstricken, Erfolg hat, diese Irreführung nur tragische Folgen haben konnte. Mit Stricken und Hölzern verfertigt er sich ein Joch und bindet es auf seinen Nacken, wie man es an den Tieren beim Pflügen tut. So ausgestattet soll er an die fremden Gesandten einen Botenspruch im Auftrag Jahwes ausrichten, der im Wortlaut in V. 5-11 wiedergegeben wird. Entsprechend der universalen Geschichtstheologie der Propheten beginnt Jeremia den Spruch mit einer theologischen Motivierung aus dem Schöpfungsgedanken, der allen orientalischen Religionen bekannt und daher allen verständlich war. Daraus leitet der Prophet für Jahwe die Vollmacht ab, über die Geschöpfe frei zu verfügen. Eine solche Verfügung hat Jahwe getroffen, indem er zur Zeit Nebukadnezzar die Weltherrschaft gegeben hat. Darum steht dieser im Dienst Jahwes und ist *»sein Knecht«*. Allerdings ist diese Herrschaft auf drei Generationen beschränkt. Daraus ergeben sich die praktischen Schlüsse aus dieser Verfügung Jahwes: Ein Aufstand, wie er geplant wird, kann nur verheerende Folgen haben, denn Gott wird unter allen Umständen seine Pläne durchführen.

Dann hören wir, daß es auch bei anderen Völkern Propheten als Repräsentanten der nationalen Idee gegeben hat, und daß auch sie die Schwierigkeiten Nebukadnezzars als Anfang vom Ende ausgelegt haben. Aber ihre Weissagung ist ein Betrug, denn Gott lenkt die Geschichte, nicht der Wunschtraum der Propheten. Darum empfiehlt der Prophet Jahwes in V. 11 die Zusammenarbeit mit Nebukadnezzar. Die Unterwerfung ist der einzig mögliche Weg zur Selbsterhaltung und zum Frieden, der als ein Wohnen in der Heimat geschildert wird. Der zweite Spruch ist *an König Zidkija* gerichtet (V. 12 bis 15). Wie es V. 12 andeutet, ging Jeremia mit dem Joch im Nacken zum anderen Verhandlungspartner der Verschwörung, zu König Zidkija, um ihn vor dem Aufstand gegen die babylonische Besatzungsmacht zu warnen. Die Botschaft ist dieselbe. Nur wird die theologische Begründung ausgelassen und an die Vernunft appelliert und mit Nachdruck vor den »Heilsweissagungen« der Propheten gewarnt.

Die dritte Botschaft (V. 16-22) ist eine Rede *an die Priester und an das Volk*, die wahrscheinlich im Tempel gehalten wurde (vgl. V. 19). Sie widerlegt eine Weissagung der Propheten, die besonders das Interesse der Priester und des Volkes weckte: »Die Geräte des Tempels werden bald zurückgebracht werden!« Das setzt aber den Krieg und die Niederlage Nebukadnezzars voraus. Dem widerspricht der Prophet, denn er weiß, daß Jahwe zur Zeit die Weltherrschaft dem Babylonier zugeteilt hat: Darum sind alle Aufstandsversuche ohne Erfolg; Nebukadnezzar wird nur damit ein Grund gegeben, auch die noch übrigen Geräte fortzuschleppen. Dabei betont Jeremia, daß die »Heilspropheten« eine sehr wichtige Aufgabe ihres Prophetenamtes vernachlässigen, nämlich bei Jahwe Fürbitte einzulegen, daß noch Schlimmeres verhütet wird.

3. Auseinandersetzung mit Hananja, dem Vertreter der Berufspropheten (28,1-17)

Im Zusammenhang mit den Botensprüchen und der sie begleitenden symbolischen Handlung hatte Jeremia eine scharfe Auseinandersetzung mit Hananja, einem angesehenen Vertreter der Berufspropheten. Die Überschrift scheint von einem Redaktor zu stammen, der die Überschriften von Kapitel 26,27,28 einander angeglichen hat. Die Weissagung des Hananja (V. 2-4) trägt die Merkmale des prophetischen Stils, wie die des Jeremia. Aber er verheißt genau das Gegenteil von dem, was Jeremia aussagt: Bis in zwei Jahren werden die Geräte und König Jojachin zurück sein.

Die Antwort Jeremias (V. 6-9) wird von einem Bericht aus der Hand Baruchs eingeleitet. Mit seinem »Amen« will Jeremia bekräftigen, daß er selbst nichts anderes wünschte. Aber ihm geht die Pflicht des Prophetenamtes dem eigenen Herzenswunsch vor, und über allem steht für ihn der Wille Gottes. Dann beruft er sich auf die Tradition der früheren Propheten, die wie er Unheil gegen große Länder und Könige geweissagt haben. Er denkt etwa an Amos, Jesaja und Micha. Auch zu jener Zeit hat es sicher »Heilspropheten« gegeben, aber ihre Weissagungen haben sich als Irrtum erwiesen. Ein »Heilsprophet« kann nur dann echt sein, wenn sich die Weissagung erfüllt. Aber Hananja läßt sich nicht auf eine Diskussion über Echtheit oder Falschheit seiner Prophetie ein. Er zerbricht das Joch des Jeremia mit dem Wort: »So zerbreche ich das Joch des Königs von Babel«. Dadurch gibt er der symbolischen Handlung Jeremias den Sinn einer Heilsweissagung. Dieser hat darauf keine Antwort. Das Wort Jahwes stellt sich eben nicht nach Wunsch ein (vgl. 42,7). So geht er, scheinbar besiegt, vom Schauplatz.

Das Gotteswort stellte sich schließlich doch ein (V. 12-17). Die Botschaft lautet: Die Befreiung, die Hananja durch das Zerbrechen des Jochs bewirken wollte, wird in das Gegenteil ausschlagen. Aus dem hölzernen Joch wird ein eisernes werden, das nicht zerbrochen werden kann. Zur Bestätigung fügt er eine zeitlich begrenzte Weissagung hinzu. Noch in diesem Jahr soll Hananja sterben, weil er das Volk in falsche Sicherheit gewiegt hatte. Der Bericht schließt mit der sachlichen Bemerkung, daß Hananja zwei Monate später gestorben ist. Dieser äußerlich sichtbare Sieg des Jeremia hat sicher einen tiefen Eindruck auf das Volk und den König gemacht. Ihm dürfte es daher zu verdanken sein, daß es nicht in jenem Jahr zum Aufstand gekommen ist und daß der König Zidkija eine Reise nach Babel unternahm (vgl. 51,59), um seine Loyalität zu beweisen.

II. Der Kampf mit den falschen Propheten

In der Zeit der Parteikämpfe unter König Zidkija haben auch die sogenannten Berufspropheten, die zum Stand der Propheten gehörten, den Gegnern der babylonischen Herrschaft einen starken Rückhalt geboten, indem sie den Nationalisten den Beistand Jahwes auf alle Fälle zusicherten. Durch seine politische Einstellung mußte Jeremia ihr Gegner sein. Er stellt ihre Gottlosigkeit und ihre Sittenverderbnis bloß, bezweifelt ihre Berufung und widerlegt ihr Traumdeuten.

1. Gottlosigkeit der Priester und Propheten (23,9-12)

Dem eigentlichen Spruch geht eine Strophe im Stil des Klageliedes voraus. Darin wird der Eindruck des Propheten geschildert beim Anblick der Schuld, die vom Volk bis zu den Priestern und Propheten reicht. Die Anklage beginnt mit dem Vorwurf: Das Land ist voll von Ehebrechern! Wahrscheinlich ist hier Ehebruch im Sinne der Untreue des Gottesvolkes seinem Gott gegenüber zu verstehen, da die übrigen Verse eine allgemeine Bosheit rügen und nicht eindeutig die Familienzerrüttung. Die Schuld ist so allgemein, daß selbst das Land in Mitleidenschaft gezogen wird. Eine besondere Schuld aber trifft die religiösen Führer des Volkes, die sogar im Hause Jahwes die Gottlosigkeit dulden oder ausüben. Die Schlußstrophe schildert die Strafe im Bild des Sturzes auf schlüpfrigem Boden und in der Dunkelheit. Ohne Gott bekommt der Mensch keinen festen Grund unter die Füße. Dann ist die Strafe fällig, selbst nach dem glimpflichen Abschluß des provisorischen Friedens des Jahres 597. Jeremia weiß, daß dies noch nicht die endgültige Abrechnung Jahwes ist, und daß das Jahr der Heimsuchung noch kommen wird.

2. *Die Propheten und die Sittenverderbnis (23,13-15)*

Jeremia vergleicht hier die Propheten Samarias mit den Propheten Jerusalems. Die Verführung zur Baalsreligion, wie sie uns aus der Geschichte des Elija bekannt ist, ist schlimm genug. Aber scheußlicher ist die Handlungsweise der Propheten Jerusalems: Ehebruch und Lügenwandel. Wenn im vorhergehenden Spruch Ehebruch im Sinn von Gottlosigkeit verstanden werden kann, ist hier die Rede von Sittenverderbnis, die den Vergleich mit Sodom und Gomorra heraufbeschwört. Diese Sünde ist ein Lügenwandel, weil sie im Gegensatz zur Prophetenaufgabe steht, das Volk auf den Weg der Beobachtung der Gebote zu führen. Statt dessen ist das Beispiel der Propheten eine Bestärkung der Bösewichte in ihrem Tun. Jeremia gebraucht hier wiederum das Bild vom Wermutessen und Giftwassertrinken für das Gericht, wie 8,14 und 9,14.

3. *Propheten ohne Beruf (23,16-22)*

In diesem Spruch wird die Berufung selbst in Frage gestellt. Er beginnt mit einer Warnung vor den falschen Propheten, denn sie führen irre. Was sie als Jahwewort verkünden, kommt nicht aus dem Munde Jahwes, sondern aus den Einflüsterungen des eigenen Herzens. Ihre Gesichte sind nur Wunschträume. Jeremia sagt nicht, daß sie die Gesichte absichtlich fälschen, denn die Begründung (V. 17) geht vom Inhalt ihrer Verkündigung aus. Jedoch besteht für ihn die Echtheit im Gehorsam gegen das Jahwewort: Wenn nun die Propheten denen Heil verkünden, die das Gotteswort schmähen, so kann es nur eine Verkündigung sein, die aus dem Wunschtraum des eigenen Herzens kommt, nicht aber von Gott. V. 18 steht etwas vereinsamt da und wird allgemein als Glosse abgetan. Aber er wird in V. 22 wieder aufgenommen. Da der Spruch eine scharfe Auseinandersetzung voraussetzt, kann er die Antwort auf den Einwand sein: Niemand kann beweisen, daß Jeremia im Rate Jahwes stand. So kann nur der Inhalt den Beweis liefern. Die »Heilsverkündigung« aber wird durch den kommenden »Jahwesturm« widerlegt. Jahwe wird seinen Ratschluß in der Geschichte durchführen. »Am Ende der Tage« wird man es erkennen müssen. »Ende der Tage« muß nicht eine eschatologische Bedeutung haben: er meint die Zeit, in der die drohende Katastrophe kommt. Gerade diese Blindheit der Propheten für die Zeichen der

Zeit ist ein neuer Beweis, daß sie keine echte Berufung haben; also hat sie Jahwe nicht gesandt. Dennoch weissagen sie, aber nur aus eigenem Antrieb. Zum Schluß das letzte Argument gegen sie: Ständen sie im Rat Jahwes, so würden sie das Volk zur Buße aufrufen, wie es die von Gott berufenen Propheten getan haben.

4. Gegen das Traumdeuten der Propheten (23,23-32)

Der Sinn der einleitenden Verse dieses Spruches und ihre Zugehörigkeit zum Abschnitt über die Träume wird verschieden angedeutet. Die griechische Übersetzung läßt die Frageform fallen, sagt das Gegenteil vom hebräischen Text und übersetzt: Ich bin ein Gott, der nahe ist, und nicht ein Gott aus der Ferne. Nach Rudolph ist der Sinn: Ich bin ein Gott, der nicht nur aus der Nähe sieht, sondern ein Gott, der aus der Ferne alles überblicken kann. Andere meinen, Jeremia wolle hier die Distanz Gottes betonen: Bin ich denn ein Gott aus der Nähe und nicht vielmehr ein Gott aus der Ferne? Er wolle die Propheten daran erinnern, daß sie es mit dem erhabenen Gott zu tun haben, wenn sie ihre Träume als Gotteswort ausgeben.

Sicher ist jedenfalls, daß Jeremia aus eigener Erfahrung weiß: Gott läßt sich nicht durch Wunschträume zwingen. Im Gegenteil, wie es V. 29 heißt, ist das Gotteswort brennend wie Feuer. Daher bezwingt Gott den Propheten und keiner kann sich vor ihm verstecken. Aus der Ferne, die ihn unantastbar macht, sieht er alles, weil er Himmel und Erde erfüllt.

In Anwendung dieses Grundsatzes in V. 25 wird dann ausgeführt, daß Gott die eigenen Worte des Propheten nicht verborgen sind und er ihre Unwahrhaftigkeit kennt. Das Alte Tetsament hat den Traum als Offenbarungsmittel anerkannt (vgl. Gen 28, 12-13; Num 12,6; Ijob 4,12ff; Joel 3,1). Jeremia betrachtet ihn einfach als Lüge, wahrscheinlich weil die Deutung des Traumes subjektiv ist und nach Wunsch ausgelegt werden kann; so ist der Traum des Propheten nur Traum und nicht Gotteswort. Das wird durch einen Spruch bekräftigt: Der Traum ist wie Stroh im Vergleich zum Korn des Gotteswortes.

Zwei weitere Vergleiche betonen die Unerbittlichkeit des Gotteswortes, das sich nicht nach Wunsch verkehren läßt, wie Jeremia aus eigener Erfahrung weiß (vgl. 1,6ff; 10,19; 23,9).

Schließlich werden die Propheten durch ein dreimaliges göttliches: »Ich bin gegen die Propheten« verurteilt. Denn sie verkünden nicht das Gotteswort, sondern Lügen, die als Gotteswort ausgegeben nichts anderes als Diebstahl sind. Von einer wirklichen Berufung zum Prophetenamt kann nicht die Rede sein, und ihr Wirken kann dem Volk nur schaden, weil sie es irreführen.

III. Der Briefwechsel mit den Verbannten

Die Aufstandsbewegung hatte auch die Verbannten in Babel ergriffen. Die Schwierigkeiten Nebukadnezzars mit den Grenzvölkern werden wohl die Hoffnung auf eine baldige Befreiung geweckt haben, und die Propheten im Exil brauchten nur die Parolen der Propheten Jerusalems zu übernehmen, um sie zu nähren. Jeremia wirkte dagegen, indem er zwei Briefe an die Verbannten schrieb. Mit Hinweis auf die Schwierigkeiten Nebukadnezzars verkündigt er den Spruch gegen Elam, und für die Situation Jerusalems veröffentlicht er die Vision von den Feigenkörben.

1. Brief an die Verbannten (29,1-23)

V. 1-4 bilden die Einleitung. Da so hohe Beamte zur Gesandtschaft gehören, dürfte es sich wohl um die Loyalitätserklärung des Königs von Jerusalem handeln, die Zidkija um das Jahr 594/593 vollzog, nachdem er sich von der Aufstandsbewegung zurückgezogen hatte.

Das eigentliche Anliegen des Briefes beginnt mit V. 4: Er ist ein Gotteswort für die Verbannten, das die trügerische Hoffnung auf eine baldige Heimkehr bekämpfen soll. Daher die Mahnung, sich in Babel häuslich einzurichten (V. 5ff). Denn Jeremia ist von der langen Dauer des Exils überzeugt, die er mit siebzig Jahren bestimmt (vgl. 25,11f). Weil diese Angabe die eigentliche Begründung von V. 5ff ist, stören die Verse 8-9 den Zusammenhang, während sie den vereinsamten V. 15 weiterführen. Es handelt sich um eine Warnung vor den falschen Propheten. Jeremia bezeichnet ihre »Heilsweissagung« als Lüge.

Daran schließt sich, wenn man die später eingefügten Verse 16-20 übergeht, eine Weissagung als Beweis für den göttlichen Ursprung seiner Ansicht: die Hinrichtung der Heilspropheten Ahab und Zidkija durch Nebukadnezzar. Sie werden sich wohl besonders als Unruhestifter unter den Verbannten hervorgetan haben und wurden im Zuge der Niederschlagung der Militärrevolte hingerichtet. Diese Hinrichtung wird ein abschreckendes Beispiel und ein Fluchwort werden, mit dem man einem Menschen den Tod wünscht. Jeremia aber begründet diese Hinrichtung nicht mit politischen Fakten, sondern mit der sittlich-religiösen »Schandtat der Torheit Israels«. Der Brief blieb nicht ohne Folgen. Die Propheten reagierten scharf. Darüber berichtet ein zweiter Brief an Schemaja.

2. Zweiter Brief an Schemaja (29,24-32)

Gewiß ist der Bericht Baruchs über die Folgen des ersten Briefes durch die Hand eines Redaktors (in V. 24f) in Unordnung geraten, der ihn als Gotteswort formulierte. Doch der Zusammenhang ist offenbar. Die Propheten in Babel reagierten scharf mit einem Beschwerdebrief (V. 26ff) an die Vorsteher der Tempelpolizei in Jerusalem. Dieser las den Brief Jeremia vor. Der Prophet bekräftigt seine Botschaft mit einer neuen Weissagung.
An dieser Stelle dürfte der Spruch gegen Elam am Platze sein, der am Ende der Sammlung der Völkersprüche steht.

3. Der Spruch gegen Elam (49,34-39)

Elam war ein mächtiges Reich, östlich von Babylonien, bis es im Jahre 640 von Assurbanipal erobert wurde, so daß seit dem Jahre 639 alle Quellen der Geschichte Elams verstummten. Wahrscheinlich Vasallenstaat im neubabylonischen Reich, konnte Elam einen Ausgangspunkt für die Militärrevolte im zehnten Jahr Nebukadnezzars bieten. Wenn die Verbannten ihre Hoffnungen auf Elam setzten, hatte Jeremia Grund genug, im Licht seiner Offenbarung das Ende Elams zu verkünden, das wie ein Bogen zerbrechen sollte! Ein sprichwörtlicher Ausdruck für die Vernichtung (vgl. 1 Sam 2,4; Hos 1,5), aber treffend für Elam, dessen Bogenschützen in der israelitischen Literatur bekannt waren (vgl. Jes 22,6). Ein weiterer Vergleich sind die Winde aus den vier Himmelsrichtungen für die Zerstreuung des Volkes. Schließlich endet Elam in der Kriegskatastrophe (V. 37). Der eschatologisch gefärbte Zusatz (V. 39) scheint aussagen zu wollen, hier wie anderswo (z. B. 46,26; 48,47; 49,6), daß Jahwe das Heil aller Völker ist.

4. Die Vision von den Feigenkörben (24,1-10)

Jeremia hatte diese Vision gegen Ende der Regierungszeit des Zidkija. Sie setzt voraus, daß die nach dem Jahre 597 verbliebene Bevölkerung die Lektion jener Katastrophe nicht verstanden hatte, und daß nun Gott seine Gunst den Gefangenen zuwandte. Es muß also die Zeit sein, da der Aufstand gegen die babylonische Oberherrschaft wirklich auszubrechen drohte.

Wie bei Am 8,1ff verkündet die Vision von den Früchten das Ende des Volkes. Die Deutung (V. 4ff) fügt hinzu, daß Gott seine Gunst den Gefangenen zuwendet, die Zurückgebliebenen aber dem Untergang weiht.

IV. Die zweite Belagerung Jerusalems (588—586)

Im Jahre 588 gab Zidkija dem Drängen der Nationalisten nach und kündigte Nebukadnezzar die Vasallentreue. Bald darauf erschien ein babylonisches Heer in seinem Lande. Ob andere Könige den Aufstand mitgemacht haben, ist unbekannt. Wir können vermuten, daß von Ägypten ein Hilfsangebot vorlag. Ohne großen Widerstand eroberte Nebukadnezzar das gesamte Land und belagerte Jerusalem. Nur zwei Festungen, *Lachisch* und *Aseka,* konnten sich eine Zeitlang behaupten (Jer 34,7). Doch zog auch ein ägyptisches Heer ins Land, so daß Nebukadnezzar die Belagerung aufheben mußte (Jer 37,5). Es hatte aber keinen nennenswerten Erfolg und kehrte bald wieder nach Ägypten zurück. Danach konnte die Belagerung Jerusalems wieder aufgenommen werden, nachdem selbst die Festung Lachisch gefallen war. Nach 2 Kön 25 wurde Jerusalem vom zehnten Tag des zehnten Monats im neunten Jahre Zidkijas bis zum neunten Tag des vierten Monats im elften Jahre belagert. Jerusalem hat also eineinhalb Jahre mit kurzer Unterbrechung Widerstand geleistet, bis die Stadt schließlich ausgehungert war.

In dieser Zeit war Jeremia unermüdlich tätig. Er warnte, er riet zur Unterwerfung, wenn man der vollkommenen Vernichtung entgehen wollte.

1. Am Anfang der Belagerung

Drei Texte berichten über diese Zeit: Jeremia antwortet auf eine Frage des Königs, er richtet eine Botschaft an das Volk und an den König. Die Antwort auf eine Anfrage des Zidkija (21,1-7) beginnt mit einer Einleitung des Baruch, der schildert, wie zwei hohe Beamte des Königs zu Jeremia gesandt werden, um ein Gotteswort einzuholen. Die Anspielung auf die vergangenen Wundertaten Jahwes ist eine Erinnerung an die wunderbare Befreiung Jerusalems im Jahre 701, als Sanherib die Stadt belagerte. Die Antwort Jahwes, die Jeremia übermittelt, verkündet, daß die Belagerung unabwendbar ist: Die Kämpfenden, die sich noch außerhalb der Stadtmauern befinden, werden sich zurückziehen müssen, und der Widerstand wird sich auf das Stadtgebiet begrenzen. Dort erwartet sie Pest, Hunger und Schwert. Was danach übrig bleibt, wird Nebukadnezzar schlagen. So verkündet Jeremia die große Wende in der Heilsgeschichte Israels. Während früher Jahwes »ausgestreckte Hand« und sein »starker Arm« *für* Israel zu seiner Rettung eintraten, sind sie jetzt *gegen* das Volk gerichtet, denn Jahwe macht nun gemeinsame Sache mit den Feinden.

In der Botschaft an das Volk (21,8-10) ist nicht mehr die Rede von Kämpfen außerhalb der Stadt. Das Bild vom doppelten Weg (Glück und Unglück) ist der Weisheitsliteratur wohl bekannt, begegnet aber auch schon früher in der Feier der Bundeserneuerung, wenn es gilt, sich für oder gegen Jahwe zu entscheiden. Jeremia wendet den Ausdruck auf die Lage der Stadt an: Wer in der Stadt bleibt, wird sterben; wer sich ergibt, wird sein Leben retten. Nicht Feigheit, sondern Liebe zum Volk, das er retten möchte, bestimmte seine Haltung, da er trotz seines Wissens in der Stadt blieb. Für ihn war nicht der politische, sondern der theologische Standpunkt entscheidend: die politische Unterwerfung war für ihn eine Unterwerfung unter den Willen Gottes. Das hören wir auch in der Botschaft an König Zidkija (34,1-7). Die Einleitung schildert die aussichtslose Lage Judas, denn sie verkündet die Zerstörung Jerusalems und die Gefangennahme des Königs. Aber wie bei anderen Botschaften dieser Zeit wird die Kapitulation als mögliche Lösung vorgeschlagen, um mit dem nackten Leben davonzukommen. Weil Jahwe beschlossen hat, die Macht dem König Nebukadnezzar zu geben, so bedeutet die Unterwerfung ein »Hören auf das Wort Gottes«. Die »Leichenbrände« sind Verbrennen von Räucherwerk und Spezereien (vgl. 2 Chr 16,14). Die beiden Schlußverse berichten über die Ausführung des göttlichen Auftrags und die verzweifelte militärische Lage der Stadt, da nur noch zwei Festungen außerhalb Widerstand leisten.

2. *Die vorübergehende Aufhebung der Belagerung*

Als Nebukadnezzar gezwungen wurde, die Belagerung aufzuheben, um einen ägyptischen Angriff im Süden abzuwehren, glaubte man in Jerusalem an einen Sieg. Maßnahmen im Sinn einer Bekehrung, wie etwa die Sklavenbefreiung, wurden widerrufen. Doch Jeremia hörte nicht auf, die Rückkehr der Babylonier zu verkünden; schließlich wurde er verhaftet.

Die Sklavenbefreiung wird 34,8-22 erzählt. Sie geschah auf Anordnung des Königs, eine Anordnung, die vom Volk bestätigt und im Tempel bekräftigt wurde. Doch als nach dem Abzug des babylonischen Heeres die Gefahr gebannt schien, wurde diese soziale Reform rückgängig gemacht. Das Gotteswort erinnert an das Gesetz über die Freilassung. In der Stunde der Gefahr war man bereit, das Gesetz zu beachten, aber als die Gefahr vorbei war, wurde die gute Tat bereut und widerrufen. Eine solche »Entweihung des Namens Gottes« verlangt ein Strafurteil: Für die rückgängig gemachte Freilassung ordnet Gott die Freilassung von Schwert, Pest und Hunger an; ein Strafurteil, das unwiderruflich ist (vgl. 18-22).

Jeremia aber verkündet weiter die Rückkehr Nebukadnezzars (37, 1-10). Die Einleitung der Perikope enthält ein Gesamturteil über Zidkija, das wohl als Einleitung zu dem Teil des Buches gedacht war, in dem das Leiden Jeremias berichtet wird (Kapitel 37-45). Darauf folgt der Bericht von der Gesandtschaft des Königs an Jeremia, um ein Jahwewort zu erhalten. Möglicherweise steht diese Befragung mit der Freilassung der Sklaven in Verbindung: Die gute Tat ließ ihn vielleicht einen Heilsspruch erhoffen. Aber das Gotteswort ist alles andere als ein Heilsspruch! Die Ägypter sind keine Hilfe, denn sie werden umkehren; die Babylonier werden wiederkehren. Wie unwiderruflich die Entscheidung Jahwes ist, soll ein Beispiel deutlich machen: Selbst einige Schwerverwundete würden zur Eroberung Jerusalems genügen! Und schließlich wird Jeremia verhaftet (37,11-16). Durch den Abzug der Babylonier war die Verbindung mit dem Lande wieder möglich geworden. Auch Jeremia wollte eine Erbschaftsangelegenheit in Anatot, seiner Heimat, regeln. Aber er war verdächtig: Am Benjamintor (nach 38,7 in der Nordmauer) wurde er von einem wachhabenden Offizier angehalten und des Verrats bezichtigt. Sein Protest wurde nicht ernstgenommen; er wurde den Oberen vorgeführt. Die Würdenträger, die ihm zur Zeit Jojakims wohlgesinnt waren, waren wohl im Jahre 597 deportiert worden. So wurde ihm keine Hilfe zuteil, er wurde gezüchtigt und eingekerkert. Bezeichnend für die Lage ist, daß der König nicht befragt wurde: seine Minister regierten an seiner Stelle; ebenso, daß das Haus des Staatsschreibers in ein Gefängnis umgewandelt wurde: offenbar waren die normalen Gefängnisse überfüllt. Jeremia wurde in den dunklen Raum des Brunnenhauses eingesperrt, wo man ihn wahrscheinlich verhungern lassen wollte (vgl. 37,21).

3. *Die Wiederaufnahme der Belagerung*

Die erneute Belagerung bekräftigt aber die Wahrheit der Weissagung und bewegt den König, den Rest seiner Macht zugunsten Jeremias einzusetzen. Diese Befreiung ist mit einer Befragung verbunden und wird 37,17-21 berichtet. Der König hofft wohl immer noch, daß Jahwe seinen Beschluß ändert, aber Jeremia steht zu seinem Wort. Doch er benützt die Gelegenheit, dem König eine persönliche Bitte vorzutragen. Da man ihm keine Schuld nachweisen kann, bittet er den König, ihn nicht ins Gefängnis zurückbringen zu lassen, denn das würde seinen Tod bedeuten. Der König läßt ihn darauf im Wachthof internieren und verordnet ihm eine kärgliche Brotration, die ihn am Leben erhalten sollte. Aber er bittet den Propheten um die Geheimhaltung des Gesprächs (38,24-28), nicht nur im eigenen Interesse, sondern auch im Interesse Jeremias. Denn wenn die Kriegspartei erfahren würde, daß der König nicht nur um das Leben des Propheten besorgt ist, sondern auch um seine Meinung über die politische Lage bittet, würde sie nicht davor zurückschrecken, ihn zu beseitigen. Das beweist der Textschluß, nach dem man den Propheten nachher in Ruhe gelassen hat.

So konnte er auch in Ruhe den *Ackerkauf zu Anatot* vornehmen (32, 1-44). Die Geschichte des Ackerkaufs setzt sich aus folgenden Einheiten zusammen:

a) die symbolische Handlung in Form eines Selbstberichts (V. 6-16a. 24-29a.42-44);
b) dieser Erzählung wurde später die Einleitung (V. 1-5) vorausgeschickt;
c) als zusätzliche Erweiterung zu V. 24f ist auch das Gebet in V. 16b bis 23 anzusehen;
d) schließlich wurde aus echten Jeremiaworten die Erweiterung 29b bis 41 hinzugefügt (theologische Begründung des Gerichts und Entfaltung der messianischen Weissagung).

a) Die Einleitung gibt die Datierung und eine Lagebeschreibung. Sie wurde durch den Anschluß des Berichtes an die Sammlung der Heilsweissagungen in Kapitel 30f veranlaßt.

b) Der Bericht über den Kauf beginnt mit einem Gotteswort, das ihm die Ankunft des Hanamel ankündigt. Das Angebot seines Verwandten stützt sich auf das »Löserecht« (vgl. Num 25,23ff), das jedem Israeliten vorschreibt, dem nächsten Verwandten als »Löser« das Vorkaufsrecht anzubieten. Möglicherweise hat die babylonische Besatzung den Verwandten des Propheten so viel gekostet, daß sie einen Teil des Besitzes verkaufen mußten. Der Vollzug des Kaufgeschäftes wird in seinen Einzelheiten geschildert: Jeremia erwirbt das Grundstück für siebzehn Silbersekel; das Geld wird auf der Geldwaage abgewogen, der Kaufvertrag selbst in doppelter Ausfertigung abgefaßt, wobei das Original versiegelt wird, die Kopie offen bleibt. Die Urkunde wurde in einem irdenen Gefäß aufbewahrt. Auf die Handlung folgt die symbolische Bedeutung: die Heilsweissagung, daß man wieder Äcker kaufen wird. Jeremia bittet um Verständnis für eine von Gott befohlene Handlung, die in dieser Situation unverständlich ist (V. 16a.24f). Die Antwort Gottes lautet: Bei Gott ist kein Ding unmöglich (V. 27). Gewiß, es bleibt bei dem Beschluß Gottes, die Stadt zu zerstören (V. 28-29a), aber ebenso bleibt der Heilsbeschluß bestehen, daß das Land wiederhergestellt wird, so daß man wieder Kaufverträge schließen kann (V. 42ff).

c) Das Gebet (V. 16b-23) ist hymnisch geprägt. Es hat seine Parallele im Gebet des Nehemia (Neh 9), aber auch in den Psalmen, so daß der hymnische Stil auf den liturgischen Gebrauch zurückgeführt werden kann.

d) Die theologische Begründung des Gerichts (V. 29b-35) geht auf Schüler des Propheten zurück, denn sie besteht aus einem Sündenregister, das Sprüchen Jeremias entnommen ist. Ähnlich ist die messianische Heilsweissagung (V. 36-41) eine Erweiterung der Weissagung über die Wiederherstellung des Landes (V. 42-44), doch im Sinn der Heilsweissagung Jeremias über den neuen Bund (vgl. 31,31ff).

4. Heilsweissagungen (33,1-26)

Es handelt sich um Weissagungen, die mit dem Aufenthalt im Wachthof verbunden werden. Sie sprechen von der Wiederherstellung Judas und des davidischen Königtums. Ihre Echtheit wird vielfach geleugnet, aber wo eine spätere Formulierung sich mit der Zukunftsschau des Propheten in echten Jeremiaworten deckt, besteht kein zwingender Grund, am wesentlichen Kern zu zweifeln.

Die Wiederherstellung von Juda und Jerusalem wird 33,1-13 verkündet. Die Einleitung (V. 1-5) charakterisiert das Gotteswort über die Wiederherstellung als Verzeihung der Schuld, der die Rückkehr in die Gnade Gottes folgte. Das wird in zwei Bildern veranschaulicht: An Stelle der Totenstille tritt wieder das laute Treiben der Menschen. Zum anderen wird ein idyllischer Frieden ins Land kommen, durch das die Hirten wieder mit ihren Herden dahinziehen.

Auch die Wiederherstellung des davidischen Königtums (33,14-26) verrät eine spätere Bearbeitung von Jer 23,5-6. Der Spruch fehlt in der griechischen Übersetzung. Deutlich zeigt der Abschluß (V. 23-26) das Ziel, die Verzweiflung des Volkes im Exil überwinden zu helfen.

5. Letzter Anschlag auf das Leben des Jeremia (38,1-13)

Je näher die Katastrophe, desto reizbarer werden die Gegner. Diesmal wollen sie Jeremia nicht nur zum Schweigen bringen, sie trachten ihm nach dem Leben. Im Hof des Königs konnte er zum Volk wie zu den Soldaten reden. Da letztere schon recht dezimiert waren (V. 4), mußten seine Worte ihren Widerstandswillen lähmen. Nun verlangt die Kriegspartei seinen Tod. Die zustimmende Antwort des Königs verrät seine Ohnmacht; er liefert ihnen den Propheten aus. In aller Stille wird er in eine verschlammte Zisterne geworfen; dort hätte er umkommen müssen, hätte nicht Ebed-Melech, ein Diener des Königs, dem König die Schandtat berichtet, so daß dieser in letzter Minute eine

Rettungsaktion in Gang setzen konnte. Nochmals errettete Zidkija den Propheten vom sicheren Tod, aber er wagt es nicht, ihm die Freiheit zu schenken. Als Dank spricht der Prophet dem Diener des Königs ein Gotteswort zu (39,15-18), das ihm das Heil in der Katastrophe verspricht. Es fand auch ein letztes Gespräch mit Zidkija statt (38,14-23), in dem Jeremia alle seine Aussagen über die richtige Politik im Sinne Jahwes erneuerte: Die Rettung liegt nur in der Übergabe. Die Weiterführung des sinnlosen Widerstands wird nur zur vollen Zerstörung der Stadt führen. Dann werden die eigenen Frauen ein satirisches Lied auf ihren König singen: Der König ist von seinen besten Freunden übertölpelt worden und steckt im Schlamm; in einer Situation, die der des Jeremia im Schlamm der Zisterne, den Tod vor Augen, gleicht. Baruch berichtet nicht, wie der König reagierte. Sicher ist jedenfalls, daß er sich nicht von der ihm aufgezwungenen Politik befreien konnte.

So mußte Jeremia nicht nur den Mißerfolg seiner Tätigkeit beim Volk, sondern auch als Ratgeber des Königs hinnehmen.

Fünfter Teil
Das Trostbuch Israels und das Ende des Propheten

Jeremia hat die Zerstörung Jerusalems nicht nur verkündet, er hat sie bis zum bitteren Ende miterlebt. Da er seinen Einfluß zugunsten der Babylonier eingesetzt hatte, bedeutete die Eroberung Jerusalems für ihn die Befreiung. In der Zeit nach dem Fall der Stadt hat er eine Reihe älterer Sprüche gesammelt und mit Zusätzen herausgegeben, das sogenannte Trostbüchlein Israels. Auch politisch war er weiterhin tätig. Im Verein mit Gedalja suchte er die Versprengten zu sammeln und ein neues Volk zu begründen. Der Mord am Statthalter vernichtete diese Hoffnungen. Die Überlebenden flüchteten nach Ägypten. Mit ihnen verließ auch Jeremia die Bühne der Geschichte.

I. Das Ende Jerusalems

Für die Großmacht Babel scheint die Eroberung Jerusalems ein kaum nennenswertes Ereignis gewesen zu sein. Tatsache ist, daß bis heute keine Nachrichten darüber entdeckt worden sind. In der Schrift liegt ein dreifacher Bericht vor: 2 Kön 25; Jer 52 und Jer 39. Jer 52 gibt im wesentlichen 2 Kön 25 wieder und wurde von einem Redaktor nach dem Bericht des Königsbuches als Anhang den Sprüchen Jeremias beigegeben, wahrscheinlich, um auf die Erfüllung der Drohungen des Propheten hinzuweisen, während der Bericht über die Begnadigung des Königs Jojachin (52,31-34) als erstes Zeichen für die Verwirklichung der Heilsweissagungen aufgefaßt wird. Der Bericht Jer 39 dürfte aus der Hand des Baruch stammen, wenigstens, was die Nachrichten über das Schicksal des Propheten betrifft, denn die anderen Texte weisen auf verschiedene Redaktionsschichten hin.

1. Fluchtversuch und Gefangennahme Zidkijas (39,1-2.4-7;52,4-11)

Die ersten Verse datieren das Ereignis (39,1-2; 52,4-6), wonach Jerusalem vom zehnten Tag des zehnten Monats im neunten Jahr Zidkijas bis zum neunten Tag im vierten Monat des elften Jahres belagert worden ist. Die Stadt hat also gut eineinhalb Jahre Widerstand geleistet. Dann aber war sie ausgehungert, und am neunten Tammuz, das heißt etwa Mitte Juli des Jahres 586 v. Chr., gelang es den Babyloniern, eine Bresche in die Stadtmauer zu schlagen. Als das geschehen war, erkannte Zidkija, daß die Stadt nicht mehr gehalten werden konnte, und im Schutz der Nacht unternahm er einen Fluchtversuch, der ihn durch die Wüste Juda zur Jordanebene und von dort in das Ostjordantal bringen sollte. Doch bei Jericho erreichten ihn die babylonischen Verfolger. Er wurde in das Hauptquartier Nebukadnezzars nach Ribla gebracht. Dort mußte er zusehen, wie seine Söhne abgeschlachtet wurden. Dann wurde er geblendet und in Fesseln nach Babel geführt, wo er wohl gestorben ist.

Literarisch gesehen, bietet Kapitel 39,1-2.4-11 eine abgekürzte Wiedergabe von 52,4-11, die dem Baruchbericht 38,28b-39,3, wie aus dem folgenden Abschnitt hervorgeht, eingefügt wurde.

2. Die erste Befreiung Jeremias (38,28b; 39,3.13-14)

Der Schlußsatz von Kapitel 38 ist die Einleitung zu einem Bericht des Baruch über das, was nach der Einnahme mit Jeremia geschah. Nach ihrem Einzug schlagen die babylonischen Offiziere ihr Quartier am Mitteltor auf. Bei den Toren befanden sich die Plätze der Stadt und vielfach die öffentlichen Gebäude für die Dienststellen. Die Offiziere, die durch die Überläufer Kenntnis von der Einstellung Jeremias erhalten hatten, ließen ihn sofort aus dem Wachthof holen und gaben ihm die Erlaubnis, sich frei unter dem Volk zu bewegen. Die Einfügung eines Redaktors, daß Jeremia an Gedalja übergeben wurde, kann nicht stimmen, da dieser noch nicht Statthalter war. Ebenso wird auch die Freilassung mit einschränkenden Bedingungen verbunden gewesen sein, da die Offiziere nicht eigenmächtig handeln konnten. Einen Monat später wird Nebusaradan, der Bevollmächtigte des Königs, eintreffen und den Propheten im Gefangenenlager von Rama finden, wo er mit dem übrigen Volk interniert war.

3. Brand der Stadt und Deportation (52,12-16; 39,8-10)

Einen Monat nach der Einnahme werden die Vergeltungsmaßnahmen an der Stadt ausgeführt: An den Tempel, den Königspalast und an alle Häuser wurde Feuer gelegt, die Festungsmauern wurden geschleift. Es war genau das, was Jeremia immer wieder der Stadt angedroht hatte. Wenn aber Josephus – ein jüdischer Historiker, geboren 37 n. Chr. – (Ant. X,9) berichtet, daß das ganze Land siebzig Jahre verödet blieb, so ist das sicher eine Übertreibung, denn Nebusaradan ließ die armen Leute, wenigstens einen Teil davon, im Lande, um die Äcker zu bebauen. Hinzu kamen die vielen Versprengten aus dem judäischen Heer, die wieder in ihre Heimat zurückkehren konnten. Die Variante in 39,10 schreibt Nebusaradan sogar eine soziale Reform zu, da er den Besitzlosen die Weinberge und Äcker der königlichen Domänen gab.

4. Weitere Maßnahmen und die Zahl der Deportierten (52,17-30)

52,17-23 beschreibt die Plünderung des Tempels, V. 24-27a berichtet von den Hinrichtungen. Der Abschnitt V. 27b-30 enthält eine Liste der durch Nebukadnezzar Verbannten.

5. Jeremia unter dem Schutz Nebukadnezzars (39,11-13a)

Diese Nachricht aus der Barucherzählung gehört zu den Anordnungen, die Nebukadnezzar dem Obersten der Leibwache mitgegeben hatte; darum konnte die Befreiung aus dem Wachthof (39,14) keine wirkliche Befreiung gewesen sein, sondern nur eine Entlassung aus dem Gefängnis, so daß er unter dem Volk frei umhergehen durfte, mit dem er übrigens im Lager von Rama interniert wurde.

6. Die endgültige Befreiung Jeremias (40,1-6)

Der Bericht wird als Gotteswort eingeleitet, wahrscheinlich auf Grund des von Nebusaradan zitierten Gotteswortes (V. 2). Die Rede des babylonischen Obersten darf nicht verwundern, denn die Eroberer konnten religiös sehr tolerant sein, und im allgemeinen glaubten sie, daß die Götter der besiegten Stadt auf ihrer Seite standen. Nebusaradan macht Jeremia das ehrenvolle Angebot, mit ihm als Freund nach Babel zu ziehen. Da aber Jeremia treu seiner Berufung bis zum

Ende bei seinem Volke bleiben will, empfiehlt er ihm, sich Gedalja anzuschließen, der seinen Sitz in Mizpa aufgeschlagen hatte.

II. Das Trostbuch Israels

Bis zum Tod des Gedalja vergingen zwei Monate. In dieser Zeit, in der sich die Versprengten Judas unter der Führung des neuen Statthalters sammelten, konnte die Verkündigung Jeremias keine andere sein, als Trostworte für den Rest Israels zu sprechen. So wird er auf die früheren Heilsweissagungen zurückgegriffen haben, um sie der völlig neuen Lage, die nach der Zerstörung Jerusalems entstanden war, anzupassen. So ist die Sammlung von Heilssprüchen entstanden, die eine wahre Perle seiner Verkündigung sind und das *»Trostbuch Israels«* genannt werden. Sie sind in Kapitel 30 bis 31 gesammelt.
Die *Einleitung* (30,1-4) berichtet, daß ein Wort Gottes Jeremia angeleitet hat, »alle Worte Jahwes in ein Buch« zu schreiben. Das Thema ist in V. 3 angegeben. Es handelt sich um die Heilsweissagungen, die also ursprünglich eine literarische Einheit sind. Da nun Juda dasselbe Los erfahren hat wie das Nordreich Israel, ist es nicht befremdend, daß in die Heilsweissagungen sogar Israel eingeschlossen wird, denn beide zusammen bilden das auserwählte Gottesvolk.

1. Notzeit und Rettung für Israel (30,5-11 [46,27-28])

Das Gedicht beginnt mit der Beschreibung der Not und des Schrekkens Jakobs. Jakob gilt als Name für das Nordreich, das im Jahre 721 zerstört wurde. Doch nicht das Gericht wird beschrieben, sondern seine Folgen für die Menschen, ein panischer Schrecken, der sich im Schreien und in der Leichenblässe offenbart wie in Gebärden, die den Dichter an das Verhalten von Frauen in Wehen erinnern. Die Notzeit ist »der große Tag, der nicht seinesgleichen hat«, der aber trotzdem nicht das Ende bedeutet-, sondern eine Durchgangszeit zur Rettung, denn Rettung muß Jakob werden! Hier zeigt sich, im Kontext des Trostbüchleins, daß die Überzeugung des Jeremia nicht historisch bedingt war, denn aus der Geschichte heraus konnte er keinen Ansatzpunkt für diese Erwartung finden, sondern theologisch begründet ist durch das Wort Gottes und die Treue, mit der Gott zu seinem Wort steht.

Im Gotteswort (V. 8f) wird die Wende des Tages Jahwes beschrieben: »Ich zerbreche das Joch an deinem Halse...«; Fremde werden Israel nicht mehr knechten, Jakob wird Jahwe und dem wiederkehrenden David dienen. Es folgen zwei Verse mit der Anrede »Du, mein Knecht Jakob«. Sie entfalten den Gedanken, daß Jakob nicht mehr ein Knecht der Fremden sein, sondern Jahwe dienen wird. Der Ausdruck: »Fürchte dich nicht!« begegnet häufig bei einer Gotteserscheinung von den ältesten Texten wie Gen 15,1 an bis zum Neuen Testament in Lk 2,10. Er leitet immer die Verkündigung einer Heilstat Gottes ein. Der Heilswille Gottes wird sich an Jakob so auswirken, daß Jahwe die Völker, die ihn knechten, vernichten wird. Aus dieser Vernichtung heraus wird Jahwe aber Jakob erretten und in das Heimatland zurückführen. Das Gericht ist also für die Völker endgültig, nicht für Jakob. Daher ist es für ihn eher das Gericht der Züchtigung. Diese Darstellung der Gottesstrafen an Israel wird in der Weisheitsliteratur allgemein gelehrt, und der Verfasser des Buches der Weisheit wird aus dem Vergleich der Behandlung Israels und der Völker seine Abhandlung vom Walten der Weisheit in der Geschichte aufbauen (Weish 10,1-19,22).

2. *Schaden und Heilung (30,12-17)*

Wie im vorhergehenden Spruch wird auch hier zuerst die Not geschildert, worauf als Antwort die Heilsweissagung folgt. Israel erscheint wie eine von ihren Liebhabern verlassene Frau, die zur Strafe für ihre Sünden von Krankheit und Geschwüren befallen ist. Eine ähnliche Beschreibung der Not des Volkes unter dem Bild der Krankheit findet sich auch in Jer 8,21ff; und in Jer 33,6 wird die Wiederherstellung als Heilung einer Krankheit bezeichnet. Die Liebhaber sind in der Sprache des Propheten die großen Nachbarreiche, um deren Gunst man sich bemühte und dabei Jahwe verließ (vgl. Jer 2,36f). Aber Jahwe wird die Wunden, die er selbst geschlagen hat, auch heilen: ein Gedanke, den schon Hos 6,1 ausgesprochen hat. Dabei werden die Feinde, die Israel bestraft haben, dieselbe Strafe erleiden in Anwendung des Satzes von der Vergeltung: »Deine Fresser werden gefressen, deine Plünderer werden geplündert«. So wird die Aussätzige, die man »Verstoßene« nannte, geheilt werden.

3. Die Wiederherstellung Israels (30,18-24)

Dieser Spruch ist eine Verheißung des Erbarmens, das im Wiederaufbau der »Stadt auf dem Hügel« bildlich ausgedrückt ist. Die Stadt auf dem Hügel ist Samaria. Aber in der Neuauflage im Trostbuch nach 586 läßt die Unbestimmtheit des Ortes die Anwendung auf Jerusalem offen.

Die Wiederherstellung bedeutet neues Leben. Das Lob Gottes und froher Gesang sind wieder zu hören. Das Volk vermehrt sich und gewinnt Ansehen. Die Gemeinde wird festen Bestand haben, denn Jahwe bestraft die Bedrücker und gibt dem Volk einen Herrscher aus seiner Mitte. Aber der Akzent liegt nicht auf dem politischen Gebiet, sondern auf dem sakralen Charakter des israelitischen Königtums. Dieser sakrale Charakter erlaubt es dem König, in die Nähe Gottes zu treten, ohne daß er, wie der gewöhnliche Sterbliche, sterben muß. Als Abschluß dieses Kapitels steht ein Spruch über den *Jahwesturm* (V. 23f), der die Gottlosen im Volk richtet. Die einzige Verbindung mit dem übrigen Text ist der Hinweis »am Ende der Tage«. Der Spruch steht auch in 23,19-20, wo er sich in den Zusammenhang einfügen läßt. Möglicherweise ist er durch den Gebrauch in der Lesung des Gottesdienstes hierher geraten.

4. Mit ewiger Liebe liebe ich dich (31,1-6)

Der Spruch, der dem Nordreich gilt, beginnt mit einer Einleitung, die ihm eine Bedeutung für ganz Israel gibt. Gerne deutet man V. 2 als eine Erinnerung an die Wüstenzeit, in der Gott das Volk, das den Ägyptern entronnen war, zur Landnahme führte. So erscheint Jahwe dem Volk in der Gefangenschaft aus der Ferne wie einst am Sinai und kündet ihm seinen Heilswillen:

> »Mit ewiger Liebe liebe ich dich,
> drum ziehe ich dich an mit Güte«.

Es läßt sich nicht leugnen, daß dieser Spruch, wie jener in 31,20, mit Kapitel 11 des Hosea verwandt ist. Dort beschreibt Hosea die Liebe Jahwes zum Volk in der ägyptischen Gefangenschaft und läßt ihn sagen: »Mit Stricken der Güte zog ich sie an, mit Stricken der Liebe« (Hos 11,4).

Jeremia aber verbindet die Geschichte der Vergangenheit mit der Gegenwart. Die Liebe Jahwes war nicht nur in der Wüste tätig, sie ist

ewig und heute noch gültig, da Israel wieder in Gefangenschaft weilt. Wie er damals Israel vom Sinai aus an sich gezogen hat, so tut er es auch jetzt von der fernen Heimat aus. Darum kann Jeremia das Volk jetzt schon aufrufen: Mach dich bereit zur Rückkehr, denn Jahwe wird dich wieder aufbauen!
Die Verse 4-6 entfalten den Gedanken des Aufbaus und beschreiben die Wirkungen des erneuerten Lebens auf den Bergen Samarias. Eine kühne Zukunftsschau schließt das Ganze ab: Das getrennte Volk wird wieder ein vereinigtes Volk sein, wenn die Wächter auf dem Gebirge Efraim das Wallfahrtslied anstimmen: »Auf! daß wir wallen nach Zion, zu Jahwe, unserem Gott!« Gewiß hatten diese Worte zur Zeit der Reform des Joschija einen Sinn, aber ihre eigentliche Bedeutung erscheint erst jetzt in vollem Licht, da auch Jerusalem zerstört ist, und Juda in Gefangenschaft weilt. Da konnte die eine Befreiungstat Jahwes nur ein vereintes Jahwevolk in die Heimat zurückführen.

5. Das Lied von der Rückkehr (31,7-9)

Das Gotteswort wird durch die Strophe eines liturgischen Psalms eingeführt. Es beschreibt selbst die Heimkehr des Restes Israels aus der Gefangenschaft. Gottes Fürsorge wird betont, indem besonders Gehbehinderte aufgezählt werden. Aber *alle* bilden eine große Schar. Auch die Rückkehr der Weinenden ist Ausdruck dieser Fürsorge, denn Jahwe behütet sie vor Gefahren auf dem Weg. In alledem zeigt sich die Vaterliebe und die Auserwählung des Erstgeborenen: wieder eine Erinnerung an die Wüstenwanderung.

6. Völker, hört das Jahwewort (31,10-14)

Dem Lied von der Heimkehr in der Form eines Gotteswortes folgt das Lied des Propheten als Hymnus, denn die Einleitung beginnt mit dem Aufruf an die Völker, die Zeugen der Heilstat Gottes sein sollen, wie es in der Gattung der Hymnen üblich ist. Diese Heilstat ist die Befreiung Israels nach dem Gericht. Die Befreiung wird geschildert als Rückkehr auf Zions Hügel, wo Jahwe das Glück schenkt mit allem Segen in Haus und Hof, und eine überströmende Freude, die alles Leid wieder gut macht.

7. *Die Klage Rahels (31,15-17)*

Der Heilsspruch wird mit der Vision der um ihre Söhne weinenden Rahel eingeführt. Ihr Grab war in Rama. So sieht der Prophet die Stammutter von Efraim und Benjamin den Untergang vom Jahr 721 beweinen. Darauf antwortet das Gotteswort, das die Muttertränen trocknen soll: Die Mühe war nicht umsonst, und die Hoffnung wird mit der Rückkehr der Söhne in ihre Heimat belohnt.

8. *Efraim, der verlorene Lieblingssohn (31,18-22)*

Dieser Spruch ist eine Heilsverheißung für den Lieblingssohn Efraim, den Jahwe für seine Untreue gestraft hat. Er beginnt mit der Klage des Volkes, die ein Bekenntnis des Abfalls ist, aber zugleich auch ein Bekenntnis zur Reue: Sie dreht sich um die Doppelbedeutung des Wortes *šûb,* das einmal *rückkehren,* dann wieder *bekehren* bedeutet. Darauf folgt die Antwort Gottes:

Ist Efraim für mich ein Lieblingssohn, das Kind der Wonne?
Ja! Sooft ich von ihm rede, immer muß ich ihn erwähnen!
Drum regt sich mein Gefühl: Ich muß mich sein erbarmen!

Diese Antwort beginnt mit einem Selbstgespräch Jahwes, das in kühner Bildsprache eine ganze Skala von Gefühlen in Gott offenbart. Die Frage, mit der V. 20 beginnt, ist der Ausdruck des Staunens über die große Vaterliebe dem abgefallenen Sohn gegenüber, von dem Jahwe nicht genug reden kann, so daß sein Gefühl immer wieder aufgewühlt wird und ihn zum Erbarmen zwingt! Mit einer solchen Innigkeit des Glaubens hat vor Jeremia nur Hosea von der Vaterliebe Gottes gesprochen (vgl. Hos 11,1-4.8-9; 14,5).

Das feste Vertrauen auf Gottes Vaterliebe drückt sich in der Aufforderung aus, den Weg zur Rückkehr mit Wegweisern und Merkzeichen zu versehen. Zugleich wird die Anrede erweitert: Nicht nur Efraim, ganz Israel gilt die Aufforderung. Der Spruch gipfelt in der Verheißung, daß Jahwe selbst die Wiederherstellung verbürgt: Er schafft Neues im Lande! Das Neue aber ist: das Weib sucht wieder den Mann! Der Ausspruch klingt wie ein Rätsel. In der Geschichte der Bibelauslegung hat er auch eine ganze Skala von Deutungen erfahren, von der rein messianischen Weissagung bis zur Bedeutungslosigkeit einer Glosse. Am sichersten wird man gehen, wenn man auch hier die hoseanische Prägung des ganzen Gedichtes berücksichtigt (vgl. oben zu V. 20). Hosea sieht das Verhältnis zwischen Jahwe und Israel nicht nur als Bund, sondern auch als Ehe. Der Abfall Israels wird von ihm als eheliche Untreue geschildert. Die Bekehrung findet statt, wenn das Weib wieder zum Mann zurückfindet. Auch Jeremia bezeichnet den Abfall Israels als Hurerei im Sinne der Verkündigung Hoseas. Daher sollte es nicht wundernehmen, daß er auch die Bekehrung, Vorbedingung der Heimkehr, im Bilde der Wiederherstellung der ehelichen Gemeinschaft ausdrückt.

9. Verheißung für Juda (31,23-26)

Die Heilsweissagung geschieht hier in der Form des liturgischen Segensspruchs. Die Ausdrücke »Trift der Gerechtigkeit« und »heiliger Berg« bedeuten, daß Jahwe wieder in Jerusalem gegenwärtig ist (darum ist der Berg heilig) und damit das neue Glück begründet. Dieses Glück wird im Zusammenleben der Städter, Bauern und Hirten ausgemalt. Anschließend folgen zwei Zitate aus Sprichwörtern oder Liedern, die das Glück bestätigen sollen.

10. Israel und Juda (31,27-28)

Dieser Spruch schildert die Neuschöpfung durch Jahwe, die schon in 30,19 und 31,22, im Bild des Sämanns, der Menschen- und Tiersaat über das Haus Israel und das Haus Juda sät, ausgesprochen wurde. Das bedeutet die Wiederherstellung des Lebens im Lande. Dieses Bild von der Neuschöpfung wird sodann mit den Bildern aus der Berufungsvision verbunden.

11. Die Vergeltung (31,29-30)

Der Heilsverkündigung des Propheten wird man mit dem Grundsatz der kollektiven Vergeltung geantwortet haben, wie bei Ezechiel (Ez 18,2ff). Während aber dieser den Grundsatz als schon in der Gegenwart falsch bezeichnet, spricht Jeremia von einer Zukunft, in der man von ihm abgerückt sein wird, denn der alte Spruch wird durch einen neuen ersetzt: »Jeder stirbt durch eigene Schuld und wer saure Trauben ißt, dessen Zähne werden stumpf!« Das neue Leben im wiederhergestellten Israel wird also auf dem Grundsatz der persönlichen Verantwortung beruhen.

12. Der neue Bund (31,31-34)

Wenn wir in 31,18-22 die Züge einer Zukunftsschau hoseanischer Prägung erkennen konnten, so sind die Worte über den neuen Bund der letzte Ausdruck in Jeremias eigener Gedankenentwicklung. Auch im Trostbüchlein bilden sie den Höhepunkt, denn hier wird die Neugestaltung der Heilszeit, die mehrmals angedeutet wurde, ausführlich beschrieben. Wie an verschiedenen anderen Stellen wird man auch hier kaum bezweifeln dürfen, daß Jeremia nach der Zerstörung Jerusalems selbst »das Haus Juda« mit eingeschlossen hat, wenn er schon früher den Spruch im Hinblick auf das »Haus Israel« verfaßte. Er lautet (V. 33f):

> Ich lege mein Gesetz in ihr Inneres,
> schreib' es in ihr Herz,
> denn ich bin ihr Gott
> und sie sind mein Volk!
> Da belehrt keiner mehr den anderen,
> keiner mahnt den Bruder: Erkenne Jahwe!
> Denn alle werden mich kennen, klein und groß;
> denn ich vergebe ihrer Schuld, gedenke nimmer ihrer Sünde!

Dieser Bund ist nicht nur eine Erneuerung des Sinaibundes, sondern eine Neuschöpfung. Wie im alten Bund ist auch hier Gott selbst der Bundespartner: Er ist derselbe, denn er hat den Bund nicht gebrochen. So bleiben auch die Forderungen Gottes dieselben. Die Neugestaltung geschieht am Volk, dessen Herz so nun geschaffen wird, daß es aus innerem Antrieb den Forderungen Gottes gehorcht. Das ist die neue »Erkenntnis Gottes«.

13. Die Sicherheit des göttlichen Heils (31,35-37)

Dieser Spruch kann als Unterschrift Gottes zum Trostbuch gewertet werden, denn er enthält die sichere Garantie, daß Gott seine Verheißungen erfüllen wird. Darum beginnt er mit einem Hymnus auf den Schöpfergott: Wie Jahwe die Gesetze der Natur garantiert (vgl. Jer 33,20.25), so garantiert er die Bundesverheißungen für sein auserwähltes Volk.

Auch hier ist »Israel«, wie 31,33, das gesamte Volk. Der Spruch wird also erst als Zusatz in die Sammlung gekommen sein. Besonders die Priesterschrift hat den Gedanken des Jeremia aufgenommen und eine

Urgeschichte verfaßt, in der die Heilsordnungen auf die Schöpfungsordnungen Gottes gegründet werden; ebenso Jes 54,10.

14. Das Neue Jerusalem (31,38-40)

In diesem Spruch wird die zerstörte Stadt in die Neuschöpfung mit einbezogen. Aber es ist fraglich, ob eine so genaue Topographie in die Zukunftsschau des Propheten paßt.

III. Das Ende des Propheten

Nach dem Fall Jerusalems war die Oberschicht der Bevölkerung von Juda in die babylonische Gefangenschaft abgeführt worden. Zurück blieben nur die armen Leute und jene, die sich aus dem Heer oder aus der Landbevölkerung in die umliegenden Staaten in Sicherheit bringen konnten. Mit all den Zurückgebliebenen sollte Gedalja, der von Nebukadnezzar als Statthalter eingesetzt wurde, das Leben im Lande neu organisieren. Diese Zeit des Tiefstandes dauerte rund fünfzig Jahre bis zum Untergang des babylonischen Reiches, als der Perserkönig Cyrus im Jahre 539 Babel eroberte und anschließend die Erlaubnis zur Rückkehr der judäischen Verbannten gab.
Die geschichtlichen Quellen über das Leben und über die Ereignisse im Lande Juda fehlen fast vollständig. Aber wie das Buch Ezechiel einiges über die erste Zeit der Verbannten berichtet, so enthält das Buch Jeremia einiges über die erste Zeit nach dem Fall Jerusalems. Denn mit diesen Ereignissen war auch die letzte Tätigkeit des Propheten verknüpft.

1. Gedalja sammelt die Flüchtlinge (40,7-12)

Allem Anschein nach hatte Nebukadnezzar kein Vertrauen mehr zum davidischen Herrschergeschlecht. Er setzte Gedalja zum Statthalter über Juda ein. Dieser war ein Sohn jenes Ahikam, der Jeremia beim Tempelprozeß verteidigt hatte (Jer 26,24) und ein Enkel jenes Schafan, der die Funktion des Staatsschreibers unter Joschija innehatte. Er war ein Freund des Jeremia und ein Anhänger seiner Politik: Er bekennt sich offen als Verantwortlicher für seine Landsleute vor den Chaldäern (V. 10).

Gedalja sollte alle versprengten Judäer wieder sammeln und für die Zusammenarbeit mit den Babyloniern gewinnen. Zugleich mußte auch die Bebauung des Landes wieder in Gang gebracht werden. Daraus kann man schließen, daß die Babylonier das Land nicht mit fremdländischen Leuten besiedelten, wie es die Assyrer nach dem Fall Samarias getan hatten. Ferner ist die reiche Ernte ein Beweis dafür, daß sie die Landschaft nicht wie die Assyrer im Jahre 701 verwüstet haben.

So konnte Gedalja alle, auch die Heeresoffiziere, für seine Politik gewinnen. Gewiß stand ihm auch Jeremia tatkräftig zur Seite: Das Trostbuch Israels dürfte ein Beispiel seiner Verkündigung in dieser Zeit sein. Die reiche Ernte und die Verkündigung des Propheten konnten den Leuten das Gefühl geben, jener »Rest Judas« (vgl. V. 11) zu sein, den die Propheten geweissagt haben. Aber die schönen Hoffnungen, die mit dem Wiederaufbau verbunden waren, sollten nicht lange dauern. Die Politik des Jeremia war dem davidischen Königshaus nie genehm, und von da wird auch der Gegenstoß gegen die Politik des Gedalja unternommen werden.

2. *Gedalja wird ermordet (40,13-41,3)*

Unter den Heeresoffizieren befand sich auch ein gewisser Ismael, ein Mitglied des Königshauses. Dieser war mit dem Ammoniterkönig Baalis in Verbindung getreten, der den Widerstand noch nicht aufgegeben hatte, und der die flüchtigen Judäer zur Auflehnung aufstachelte. Durch Johanan wurde Gedalja ein Mordplan Ismaels zur Kenntnis gebracht. Gedalja aber glaubt nicht an eine solche Falschheit und weist den Plan Johanans zurück, den Verräter heimlich zu beseitigen.

Gedalja war kaum zwei Monate Statthalter, da fiel er durch Mörderhand bei einem Gastmahl. Damit war die Hoffnung auf einen Wiederaufbau völlig zerschlagen. Es ist nicht bekannt, ob die Babylonier einen Nachfolger für Gedalja ernannt haben. Wahrscheinlich wurde Juda der Provinz Samaria angegliedert. Jedenfalls hatte Juda in den nächsten Jahren kein politisches Eigenleben mehr gehabt.

3. Ermordung der Wallfahrer (41,4-10)

Am anderen Tag wird das Blutbad von Mizpa durch die Ermordung von siebzig Männern vollendet. Diese waren auf dem Weg zum Herbstfest Jahwes. Eine Nachricht, die bezeugt, daß man die Sitte der Wallfahrt nach Jerusalem weiterführte und daß sie auch von Angehörigen des Nordreiches noch gepflegt wurde.

4. Verfolgung des Mörders (41,11-18)

Ismael verließ darauf Mizpa mit den gefangenen Einwohnern. Aber die anderen Heeresführer entschlossen sich, Gedalja zu rächen und die Geiseln zu befreien. Sie erreichten Ismael beim Teich von Gibeon. Es kam aber nicht zum Kampf, denn die Leute von Mizpa machten gemeinsame Sache mit den Angreifern. Ismael entkam mit acht Mann über die Grenze zu den Ammonitern. Johanan übernimmt das Kommando. Er entscheidet sich für die Flucht nach Süden, aus Furcht vor Vergeltungsmaßnahmen der Babylonier. Erst an der südlichen Landesgrenze rasten sie. Aus 42,1ff ist zu schließen, daß Jeremia und Baruch dabei waren.

IV. Die Flucht nach Ägypten

Die Flucht ins Ausland ist immer eine gewagte Sache, denn man geht ins Ungewisse. Als die Leute von Mizpa durch Johanan bei Gibeon befreit wurden, folgten sie ihm blindlings auf der Reise nach Süden. Als sie aber in dem Grenzort die Vorbereitungen zum Übertreten der Grenze trafen, die sicherlich mehrere Tage in Anspruch nahmen, wurden sie vom Zweifel ergriffen. Da erinnerte man sich an den Propheten Jeremia.

1. Befragung des Jeremia (42,1-6)

Daß sich in dieser Not alle gemeinsam an Jeremia wenden, zeigt, welche Achtung der Prophet immer noch besaß. Jeremia erklärt sich auch sofort damit einverstanden, die Prophetenrolle des Mose als Fürsprecher bei Gott zu übernehmen. Bemerkenswert ist auch, daß das Volk zu Jeremia von Jahwe, »deinem Gott« spricht, während Jeremia »euer Gott« sagt. Im Munde des Volkes ist es eine Anerken-

nung der persönlichen Gottesbeziehung des Propheten; umgekehrt ist der Ausdruck im Munde des Propheten die Zusicherung, daß Jahwe noch immer ihr Gott ist.
Das Volk beantwortet mit Begeisterung die Zusage des Jeremia: Es erklärt sich bereit, die Weisung Gottes zu befolgen, denn es erkennt, daß es um das Ganze geht.

2. *Die Antwort Gottes (42,7-18)*

Leider vergehen zehn Tage, bis die Antwort Gottes kommt. Sicher wollte Jeremia nicht warten, um die Gemüter zu beruhigen (43,1-3 berichtet vom Gegenteil), sondern er wußte genau zu unterscheiden zwischen seiner persönlichen Meinung und dem Gotteswort. Dieses Warten auf das Gotteswort war ihm nicht unbekannt. Im ersten Teil wird der Bescheid gegeben, im Lande zu bleiben und nicht auszuwandern, denn der babylonische Herrscher wird keine Vergeltungsmaßnahmen ergreifen (V. 10ff). Im zweiten Teil wird die Auswanderung nach Ägypten als Ungehorsam gegen Jahwe bezeichnet: Die Nöte, denen man entgehen will, werden die Flüchtlinge gerade dort erreichen, wo man sich vor ihnen sicher wähnt. Auch hier zeigt sich, daß Jeremia bis zum Ende seiner Verkündigung und seiner politischen Haltung treu bleibt.

3. *Ablehnung des Volkes und Antwort Jeremias (43,1-3; 42, 19-22)*

Kapitel 42,19-22 entspricht inhaltlich dem Gotteswort 42,10-18, setzt aber schon die Ablehnung des Volkes voraus. Diese Ablehnung wird in 43,1-3 mitgeteilt. Darum ist die Umstellung der Texte erforderlich.
In der Wartezeit auf das Gotteswort haben die Befürworter einer Auswanderung nach Ägypten wieder die Oberhand gewonnen. Baruch wird sich wohl bemüht haben, dieser Strömung entgegenzuwirken, was ihm den Vorwurf einbrachte, nicht Gott, sondern er, Baruch, habe dem Propheten den Bescheid eingegeben, nicht auszuwandern. So konnte man das Gotteswort als Lüge bezeichnen. In seiner Antwort steht der Prophet unerschütterlich zu dem von ihm gegebenen Gotteswort und wiederholt die Warnung: Nicht Baruch betrügt sie, sie betrügen sich selbst, und der Untergang, dem sie durch die Flucht entgehen wollen, erwartet sie dort im Lande der erhofften Sicherheit.

4. Die Auswanderung nach Ägypten (43,4-7)

Es gelang dem Propheten nicht, den Auswanderungswillen der Leute zu erschüttern. Sicher waren dabei die Führer des Volkes die treibende Kraft, denn besonders sie fürchteten Vergeltungsmaßnahmen des babylonischen Königs; die kleinen Leute hatten weniger zu befürchten.

Sicher sind auch nicht *alle* Judäer damals nach Ägypten ausgewandert. Die Bauern und Hirten konnten ruhig zurück bleiben. Vor allem der Rest der Oberschicht des Volkes wanderte aus; er war nur der Wegführung in die Gefangenschaft entgangen, weil es sich um Versprengte der Kriegswirren handelte, die erst nach dem Abzug der Babylonier wieder in ihre Heimat zurückgekehrt waren. Mit ihnen zogen auch, wahrscheinlich zwangsweise, Jeremia und Baruch nach Ägypten.

V. Die letzte Tätigkeit in Ägypten

In Ägypten, wo die Flüchtlinge um politisches Asyl baten, regierte der Pharao Hofra, der den Aufstand des Königs Zidkija begünstigt hatte, aber dem belagerten König keine wirksame Hilfe geben konnte. Er gehörte zu dem saïtischen Herrschergeschlecht, deren Hauptstadt Saïs im westlichen Nildelta lag. Diese unterägyptische Dynastie im Norden des Landes vertraute die ägyptische Südgrenze lieber fremden Söldnern als ägyptischen Soldaten an. So entstand die jüdische Kolonie von Elephantine. Der Bau eines Jahwetempels auf dieser Insel bei Assuan beweist, daß man den Söldnern die freie Ausübung ihrer Religion zugestand und sie vornehmlich mit Rekruten aus dem Heimatland verstärkte. So dürfte auch die Ankunft der Flüchtlinge nach der Katastrophe von 586 recht willkommen gewesen sein: es waren in der Hauptsache Soldaten. Vorerst jedoch kamen sie in das Sammellager von Tachpanhes, wo sie eine jüdische Kolonie bildeten.

In Ägypten setzte Jeremia seine prophetische Tätigkeit fort. Dank Baruch haben wir einen Bericht über seine Verkündigung. In seiner Biographie des Propheten erzählt er von einer symbolischen Handlung und von einer letzten Rede, die Jeremia an alle Judäer in Ägypten gehalten hat.

1. Weissagung über die Invasion Ägyptens (43,8-13)

Die Weissagung besteht aus einer symbolischen Handlung, die Jeremia auf Befehl Jahwes vor einigen Männern Judas als Augenzeugen ausführt, und aus einem Gotteswort, das der Prophet als Deutung der symbolischen Handlung übermitteln soll. Die symbolische Handlung besteht darin, daß Jeremia vor dem »Haus des Pharao« große Steine in den Lehmboden einsetzt als Fundament oder als Abgrenzung eines Zeltes. Das anschließende Gotteswort deutet die Handlung und ihre Beziehung zum zukünftigen Geschehen. Jahwe wird seinen Knecht (vgl. Jer 25,9; 27,6) Nebukadnezzar herbeiholen, daß er sein Königszelt im Angesicht des Pharaopalastes errichte, um über das geschlagene Ägypten Gericht zu halten und das Urteil zu fällen, wer der Pest, wer der Gefangenschaft, und wer dem Schwerte ausgeliefert werden soll.

Es folgt darauf die Ankündigung der Verheerung des Landes. Nebukadnezzar wird die Tempel der Götter mit Feuer zerstören und die Götterbilder verbrennen oder als Siegesbeute mit nach Hause nehmen. Zur Veranschaulichung der gründlichen Plünderung des Landes dient der Vergleich mit einem Hirten, der sein Gewand laust. Schließlich wird er die Obelisken (wörtlich: Steinsäulen), die das Wahrzeichen von On (Heliopolis) sind, zertrümmern.

Wann und in welchem Maße diese Weissagung verwirklicht wurde, entzieht sich unserer Kenntnis. Josephus, der jüdische Geschichtsschreiber, berichtet wohl von einem Feldzug Nebukadnezzars nach Ägypten im Jahre 582/1 (Ant X 9,7), der aber bis heute nicht durch babylonische Quellen bestätigt ist. Dagegen erwähnen babylonische Königsinschriften einen Sieg Nebukadnezzars über den ägyptischen Pharao Amasis im Jahre 568/7. Leider fehlt auch hier eine Bestätigung oder Nachricht über das Ausmaß des Sieges Nebukadnezzars. Es könnte wohl sein, daß es sich nur um einen Raubzug handelte, der so plötzlich und schnell ausgeführt wurde, daß er sich »unbehelligt« wieder absetzen konnte (Jer 43,12).

2. Die letzten Worte in Ägypten (44,1-30)

Dieser Bericht, der aus der Hand Baruchs stammt, ist offenbar eine Zusammenfassung verschiedener Reden und Sprüche, so daß es nicht mehr möglich ist zu bestimmen, wann und wo die einzelnen Worte gesprochen wurden. Immerhin geben sie einen Einblick in das religiöse Leben des Volkes in der Verbannung und zeugen von der unerschütterlichen Treue des Propheten zu seiner Berufung, trotz Feindschaft und trotz allem Mißerfolg; denn allem Anschein nach haben die Judäer in Ägypten die Lehre aus dem Gottesgericht über ihr Land und über Jerusalem nicht verstanden.

a) Der geschichtliche Rückblick (V. 2-6)

Während Jeremia in seinen früheren Reden von der vergangenen Geschichte des Volkes Israel ausging, um eine Parallele mit der Gegenwartssituation zu zeichnen oder sie zu begründen, geht jetzt sein Rückblick auf die Erfahrung der *eigenen* Vergangenheit. Wegen des Götzendienstes, der vom Ausland in das Land Juda eingeführt wurde, hat sich der Zorn Jahwes an Jerusalem und Juda ausgewirkt, so daß nur eine Trümmerstätte übrig blieb.

b) Die Gegenwartssituation (V. 7-10)

Nachdem alle das miterlebt haben, sollten sie eine Lehre daraus gezogen haben. Aber dem ist nicht so, denn auch in Ägypten opfert man weiter den fremden Göttern und bricht die Bundestreue. Das heißt den Fluch herausfordern, so daß auch noch der letzte Rest der Geflüchteten ausgerottet wird.

c) Androhung des Gerichtes (V. 11-14)

Damit ist die Begründung für das Gottesgericht gegeben. Wie das sündhafte Treiben in Juda und Jerusalem den Untergang verursacht hat, so wird es den Untergang im Lande Ägypten herbeiführen. Wie in Juda droht daher auch hier die Dreiheit von Pest, Hunger und Schwert als Bestrafung.

d) Widerspruch der Judäer (V. 15-19)

Wie man in Juda das Wort des Propheten nicht zu Herzen genommen und ihm widersprochen hat, so auch in Ägypten. Die Leute halten daran fest, den Kult der Himmelskönigin weiter aufrechtzuerhalten. Sie glauben die Erfahrung gemacht zu haben, daß es ihnen gut ging, solange sie dem Kult der Himmelskönigin treu waren. Erst als man ihn aufgab, ist das Unheil über Juda gekommen. Wahrscheinlich denkt man dabei an die Zeit des Königs Manasse. Damals wurden die fremden Kulte nicht nur geduldet, sondern auch gefördert, und es war eine Zeit des Friedens und der wirtschaftlichen Blüte. Dagegen hatte die Unterdrückung der fremden Kulte zur Zeit seines Nachfolgers Joschija anscheinend den tragischen Tod des Reformers zur Folge, sowie den Abstieg bis zur Eroberung und Zerstörung Jerusalems. In V. 19 reden die Frauen, auch wenn die Einleitungsformel der griechischen Übersetzung nicht ursprünglich ist. Besonders sie fühlen sich betroffen, aber sie weisen darauf hin, daß sie nichts tun ohne das Wissen ihrer Männer. Interessant sind die Angaben über die Praktiken des Kultes.

e) Die Antwort des Jeremia (V. 20-30)

Jeremia korrigiert die falsche Geschichtsbetrachtung der Hörer. Er weiß, daß auch *nach* dem Tod des Joschija die fremden Kulte eine Erneuerung erlebten und daß das Opferwesen für die Himmelskönigin in den Städten Judas und in den Straßen Jerusalems sich offen unter Jojakim zeigen konnte. Das ist es, was zur nationalen Katastrophe geführt hat. Dann gibt Jeremia den theologischen Grund an: Das Volk war ja durch den Bund und seine Verpflichtungen an Jahwe gebunden, nicht an die Himmelskönigin. Darum mußte sich der Fluch des Bundesbruchs auswirken. Das war längst schon vom Bundesgesetz und von der Verkündigung der Propheten, die Gott immer wieder gesandt hatte, vorausgesagt. Nun steht die geschichtliche Tatsache da als Zeugnis wider die ungetreuen Söhne Israels. Damit ist auch die Begründung für die angedrohte Strafe der gegenwärtigen Untreue gegeben: Auch die Judäer in Ägypten, die dieses Opferwesen weiterhin betreiben, verfallen dem Gericht des Bundesgottes, der keine Götter neben sich duldet. Sie meinen wohl, beides vereinen zu können, Jahwekult und Götzendienst, aber der Bundesgott Jahwe läßt das nicht zu. Und wie üblich in der Strafverkündigung der Propheten, fügt Jeremia das Zeichen hinzu: Pharao Hofra wird das Schicksal des Königs Zidkija von Juda geweissagt. Die Erfüllung trat ein bei einem Feldzug Ägyptens gegen Zyrene in Lybien, auf dem das Heer des Hofra eine Niederlage erlitt. Dabei kam es zu einer Militärrevolte, bei der der König ermordet und der bisherige Heerführer Amasis zum Nachfolger ausgerufen wurde.

Über das weitere Schicksal des Propheten ist uns nichts bekannt. Daß er den Martertod erlitt, ist wohl eine Legende. Immerhin gibt sie ein getreues Bild seiner prophetischen Existenz: einerseits Treue zur Berufung bis in den Tod, andererseits Scheitern am verfolgten Ziel der Bekehrung seiner Hörer.

DAS BUCH DER KLAGELIEDER

Die Trauer Israels über die Zerstörung Jerusalems

Einleitung

1. *Das Buch der Klagelieder*

Dieses Buch ist eine Sammlung von fünf Liedern, die in der hebräischen Textüberlieferung den Titel »Ach« *('ekâh)* tragen (nach dem charakteristischen Ausruf der Klage »Ach!«, mit dem das erste, zweite und vierte Lied beginnt). Dieser Titel hat aber nach dem babylonischen Talmud (= Erklärungen zur Heiligen Schrift) den früheren Titel »Klagelieder« *(Kinnôt)* verdrängt. In der Textüberlieferung hat das Buch eine verschiedene Stellung. Die jüngste Tradition (6.-12. Jahrhundert), die der Masoreten, der jüdischen Textkritiker, stellt das Buch der Klagelieder in die Reihe einer Sammlung heiliger Texte für den liturgischen Gebrauch *(Megillôt)*. Die jüdisch-alexandrinische Tradition läßt es entsprechend der Verfassertradition auf das Buch Jeremia folgen. In einer dritten Überlieferung erscheinen die Klagelieder in der Reihe der Schriftwerke *(Ketûbîm)*, zwischen den Büchern Hoheslied und Daniel.

2. *Die Gattung der Lieder*

Als erster hat H. Gunkel die Lieder einer bestimmten literarischen Gattung zugewiesen. Die zwei ersten und das vierte sind politische Leichenlieder, das dritte ein individuelles Klagelied und das fünfte ein kollektives Klagelied. Diese Bezeichnung hat sich allgemein durchgesetzt mit der Einschränkung, daß keines der Lieder die betreffende Gattung in reiner Form wiedergibt und alle eine Stilmischung aufweisen. Die Gattung des individuellen und des kollektiven Klageliedes ist aus den Psalmen gut bekannt. Das Leichenlied aber, das ursprünglich zum Begräbnisritual gehörte, meint hier nicht einen Menschen, einen Toten, sondern eine politische Größe, nämlich Zion. Und zwar ist weniger die Stadt Jerusalem, als vielmehr das zerstörte Heiligtum Gegenstand der Klage.

Wie es die Anordnung in den *Megillôt* andeutet, handelt es sich hier eigentlich um liturgische Textkompositionen, was von der Untersuchung der Form bestätigt wird: Einzelstimmen und Chöre lösen sich ab, ebenso sind Gesang und Gegengesang erkennbar. Diese Lieder haben auch ihre eigene Formsprache. Die vier ersten Lieder sind im Qina(Klagelied)-Versmaß abgefaßt und akrostichisch angeordnet; das heißt: jeder Vers beginnt mit einem Buchstaben in der Reihenfolge des Alphabets. Das fünfte Lied ist nicht alphabetisch, umfaßt aber ebenso viele Zeilen wie das Alphabet Buchstaben.

3. *Inhalt*

Die fünf Lieder beziehen sich sämtlich auf die Zerstörung Jerusalems im Jahre 586. Im ersten beklagt einmal der Dichter, dann wieder die personifizierte Stadt die Verlassenheit und die Zerstörung Jerusalems. Beide anerkennen die Schuld des Volkes Israel. Im zweiten Lied folgt auf die Klage über das Strafgericht an Jerusalem ein Aufruf zur Buße; zum Schluß bittet die Stadt um Erbarmen. Im dritten Lied bezieht der Dichter sein eigenes Schicksal auf dasjenige Jerusalems und ersehnt für sich selbst die Gnade Jahwes. Im vierten Lied wird wieder die Verlassenheit und die Zerstörung Jerusalems beklagt. Das fünfte Lied ist eine allgemeine Klage vor Jahwe und eine Bitte um Hilfe.

4. *Entstehung und Verfasser*

Die christliche Überlieferung schreibt die Klagelieder dem Propheten Jeremia zu. Sie stützt sich auf die griechische Übersetzung der *Septuaginta,* die in ihrer Überschrift sicher eine hebräische Vorlage wiedergibt, also eine ältere jüdische Tradition. Inwieweit diese Tradition im Recht ist, läßt sich heute kaum noch nachprüfen. Das einzige, was sicher sein dürfte, ist, daß die Klagelieder unter dem unmittelbaren Eindruck der Ereignisse um das Jahr 586 entstanden sind. So bleibt nur noch der Weg der Literarkritik, der Methode, unbekannte Verfasser zu unterscheiden, die allerdings viele Einwände gegen die Autorschaft des Jeremia vorzubringen hat. So kann man einiges aus dem Gedankengut der Klagelieder kaum als jeremianisch bezeichnen (vgl. Klgl 4,17 und Jer 37,7; Klgl 4,20 und Jer 37,17ff), und schwerlich kann Jeremia von der Katastrophe überrascht worden sein oder klagen, daß keine prophetischen Offenbarungen mehr empfangen werden. Jeremia hatte den tragischen Ausgang mit einer verblüffenden Hellsichtigkeit vorausgesehen und vorausverkündet. Daher ist der Tradition, die innerhalb der Megillôt die Klagelieder für den Erinnerungstag an die Zerstörung Jerusalems vorsieht, nicht ohne Beweiskraft, besonders wenn man berücksichtigt, daß eine solche Feier nicht nur im Exil (vgl. Sach 7,1f und 8,18f), sondern schon in Jerusalem nach dem Zusammenbruch (vgl. Jer 41,5f) stattgefunden hat. So liegt die gewichtige Vermutung nahe, daß diese Lieder in den Trümmern des zerstörten Tempels zum ersten Mal erklangen.

Erstes Lied: Ach, wie sitzt so einsam die Stadt (Kapitel 1)

Das Lied ist alphabetisch in zweiundzwanzig Strophen geordnet. In einem ersten Teil (V. 1-11) beschreibt der Dichter die Verlassenheit Jerusalems, die im zweiten Teil (V. 12-22) von Zion selbst beklagt wird.

1. Teil (V. 1-11)

Der erste Teil beschreibt in zwei Strophengruppen, die durch eine Zwischenstrophe (V. 6) getrennt sind, die Verlassenheit Jerusalems und deutet schon den theologischen Hintergrund an: Diese Lage ist eine Folge der Sünde (V. 5). Die erste Strophengruppe (V. 1-5) schildert die Entvölkerung, die Wegführung, die Öde der Straßen und die Verlassenheit des Heiligtums. Sie beginnt mit dem für die Totenklage charakteristischen Ausruf »Ach, wie« *('ekâh)*, der der zerstörten Stadt gilt, die als Witwe dargestellt ist. Einst war sie Herrscherin, jetzt weint sie einsam, selbst ihre »Liebhaber« haben sie verlassen (wie bei Jer 4,30; 27,3; 30,14 ist hier die buhlerische Bündnispolitik Judas mit den Großmächten gemeint). Ohne Bild spricht V. 3 vom Volk, das in die Gefangenschaft weggeführt wurde und ruhelos unter fremden Völkern weilt. Auch die Freude der religiösen Festfeiern ist verschwunden: Die Priester können ihren Dienst nicht mehr ausüben, die Jungfrauen singen nicht mehr zum Reigentanz. So leidet die einsame Witwe unter der Öde, während ihre Feinde triumphieren: Aber dies ist das Gericht Jahwes über die Sünde Israels. V. 6 bildet eine Zwischenstrophe mit einer zusammenfassenden Feststellung: Zions Glanz und Kraft sind dahin. Die Edlen sind die Würdenträger. Sie werden mit Hirschen verglichen, die keine Äsung finden. Nun wechselt auch die Vorstellung von der klagenden Frau, die nicht mehr als Witwe, sondern als »Tochter Zion« angesprochen wird.

Die zweite Gruppe (V. 7-11) nimmt die Beschreibung der Trostlosigkeit wieder auf, betont aber den Hohn der Bedrücker, die Entweihung des Heiligtums und die Hungersnot. Auch der Zusammenhang zwischen Schuld und Strafe, der in V. 5 angedeutet wurde, wird nun ausdrücklich hervorgehoben. Zweimal spricht Zion selbst einen Ruf an Jahwe um Mitleid und bereitet so das Bittgebet im zweiten Teil vor.

2. *Der zweite Teil (V. 12-22)*

Der Aufbau ist ähnlich. In einer ersten Strophengruppe spricht Zion eine Klage über die Katastrophe, in einer zweiten ein Gebet, das ein Bekenntnis, eine Hoffnung und einen Ruf nach Vergeltung enthält; in der Zwischenstrophe (V. 17) spricht der Dichter von Jerusalem in der dritten Person.

Die Klage beginnt in V. 12 mit dem Ruf eines Bettlers, der die Vorübergehenden um Mitleid anfleht. Der »Tag des Zornes« ist der Gerichtstag an Jerusalem. Er wird in einer Reihe von Bildern veranschaulicht. V. 13 bringt gleich drei Bilder: Der Schmerz ist wie Feuer im Gebein, die Füße sind im Fangnetz, die Krankheit hat Zion befallen. Es folgt das Bild vom »Joch der Sünden«, das auf der Stadt lastet, was ohne Bild bedeutet, daß Jahwe Zion in die Hand der Feinde gegeben hat. In V. 15 veranschaulicht die Kelter das Blutbad in den Reihen der Helden und der Jugend Zions. Über all das weint die einsame Mutter Zion.

Die Zwischenstrophe (V. 17) unterbricht die Klage. Der Dichter beschreibt die Verzweiflung der klagenden Frau und bestätigt, sozusagen als Zuschauer, die tatsächliche Trostlosigkeit der Lage.

In der letzten Strophengruppe (V. 18-22) kommt das Lied zum Höhepunkt durch das Bekenntnis, daß Jahwe im Verhängen der Strafe gerecht ist. Wieder tritt das Bild von den Liebhabern auf, denn noch können manche Priester und Ältesten kaum fassen, daß ihre Bündnispolitik versagt hat. Jedenfalls haben nun alle in Zion verstanden, daß Jahwe allein vom Joch der Fremdherrschaft befreien kann. Ihm schildert die hilfsbedürftige Stadt in einer inständigen Bitte die Erregung des Herzens, die Schadenfreude der Feinde und verlangt, daß die Schuld der Feinde wie die Schuld Zions gesühnt werde.

Bemerkenswert ist in diesem Lied, daß die Priesterschaft den Irrtum der Bündnispolitik des Hofes nun erkannt und sich zum Bekenntnis durchgerungen hat: Jahwe hat recht gehandelt. Ein verspäteter Erfolg der Verkündigung des Jeremia.

Zweites Lied: Ach, wie umwölkt der Herr in seinem Zorn (Kapitel 2)

Wie im vorhergehenden Lied sind auch hier zwei Teile von je zehn dreiteiligen Versen erkennbar, getrennt durch eine Zwischenstrophe (V. 11f), in der der Dichter seinen eigenen Gefühlen über das Los der Kinder Ausdruck verleiht.

1. Der erste Teil (V. 1-10)

Er beginnt mit einer allgemeinen Beschreibung der Katastrophe in einem Bild (V. 1-5): Wie mit einer Wolke der Verzweiflung hat Jahwe die Tochter Zion umgeben und Israels Pracht zur Erde geworfen; er gedachte nicht des »Schemels seiner Füße«, das heißt der Bundeslade als Bürge seiner Gegenwart (vgl. Ps 99,5; 132,7; 1 Chr 28,2). Dann folgt ohne Bild eine Beschreibung der Verwüstung der Landschaft, der Festungen und des Reiches. Israels Kraft ging verloren, als ihm Jahwe seine schützende Rechte entzog, so daß er selbst wie ein Feind das Reich Israel zerstört hat.

In der folgenden Strophengruppe (V. 6-10) wird die Zerstörung in ihren Einzelheiten geschildert. Zunächst steht die Zerstörung des Tempels, der nach einem alten poetischen Gebrauch »Hütte« und »Festort« genannt wird; so fand der Kult ein Ende, die glanzvolle Feier der Feste und des Sabbats, denn Jahwe hat den Altar und die Geräte, den König und die Priester, die Garanten des Kultes, verworfen. Nach dem Tempel wird an die stolzen Mauern der Stadt erinnert: Jahwe ließ das Symbol seines Schutzes schleifen. Die Tore, die in der Antike Zentrum des Stadtlebens bedeuten, sind zerstört; ihre prächtigen Riegel zerbrochen; König und Beamte sind in Gefangenschaft, die Weisung der Priesterschaft und das Charisma der offiziellen Prophetie schweigt. Die Klage- und Bußfeier hat begonnen.

2. Die Zwischenstrophe (V. 11f)

Hier läßt der Dichter seine eigenen Gefühle sprechen: Er weint bittere Tränen, sein Inneres ist aufgewühlt, besonders wenn er an den Hungertod der Kleinkinder denkt, die auf den Gassen verschmachten mußten, oder auf dem Schoß der Mutter ihr Leben aushauchten.

3. Der zweite Teil (V. 13-22)

Am Beginn steht ein Aufruf an Zion und belehrt die Betrogene über wahre und falsche Prophetie (V. 13-17). Darin bekennt der Dichter, daß er nicht das entsprechende Trostwort für die Größe des Leids findet, denn »groß wie das Meer« ist das Unheil. Er möchte auch keine trügerische Botschaft, wie die falschen Propheten, verkünden (vgl. Jer 14,13f; 23,17f; 27f), denn ihre Weissagung, die das Volk in Sicherheit wiegte, war »Trug und Verführung«. Die Stadt, die sich so sicher wähnte, muß nun Hohn und Spott erdulden. Das Klatschen in die Hände zeigt Schadenfreude, das Schütteln des Kopfes ist Zeichen des Spottes, ebenso das Aufreißen des Mundes und das Knirschen mit den Zähnen. Während V. 15 einen Ausspruch der Jerusalemer in der Vergangenheit bringt, schließt V. 16 mit einem Wort der Feinde ab. Im Gegensatz zu den falschen Propheten hat die wahre Prophetie den Untergang längst vorausgesagt (V. 17).

Die zweite Strophengruppe (V. 18-22) fordert zur Klage auf, zum Klagelied. Tag und Nacht sollen ruhelos die Tränen rinnen und in einem bittenden Flehen soll sich das Herz ausschütten. Mit V. 20 beginnt das Klagelied, das der Dichter Zion in den Mund legt. Darin wird vornehmlich auf das furchtbare Unglück, das die Kinder traf, hingewiesen, insbesondere darauf, daß Mütter ihre Kinder essen mußten, dann auf die Tötung von Priestern und Propheten am heiligen Ort, und schließlich auf das Massensterben in den Straßen der Stadt. Im Gegensatz zum ersten Lied schließt dieses nicht mit einem Rachegebet ab, sondern mit einer zusammenfassenden Erinnerung an das grausige Opferfest der Schlacht, zu dem die Feinde geladen wurden – um abzuschlachten.

Drittes Lied: Ich bin der Mann, der Leid erfuhr (Kapitel 3)

In diesem alphabetischen Lied beginnen jeweils drei Zeilen mit ein- und demselben Buchstaben des Alphabets. Der formale Aufbau ist nicht so leicht zu erkennen und man muß sich bei der Einteilung an die inhaltliche Gedankenführung halten. So läßt sich V. 1-18 als Monolog jeremianischer Art erkennen, in dem ein Beter seine Klage vorbringt. Daran schließt sich ein Gebet (V. 19-21), das in Hoffnung mündet, die dann begründet wird (V. 22-39). In V. 40-47 wird die Klage allgemein in einer Klage des Dichters über das kollektive Leid. V. 52-55 wird das individuelle Klagelied wieder aufgenommen, es geht über in das Dankgebet (V. 56-62) und schließt ab mit einem Gebet gegen die Feinde (V. 63-66). Das Lied bietet also eine Mischung von verschiedenen Gattungen, aber die Verse 40-51 begründen die Aufnahme des individuellen Klageliedes in die nationale Trauerliturgie, in der das Leid des einzelnen beispielhaft ist für das kollektive Leid.

1. Die Klage (V. 1-18)

Der Beter beginnt mit einer Selbstdarstellung als Mann, der durch die Zuchtrute Gottes Leid erfahren hat. Dieses Leid wird als Finsternis beschrieben, als Verstoßensein von Gott. Dann wird es näher geschildert, mit Bildern, die zum Stil des Klagelieds gehören. Die Ausdrücke in V. 4 deuten auf eine Krankheit, in V. 5 auf eine Verfolgung, in V. 7 auf eine Todesgefahr, in V. 7f auf eine Gefangenschaft, in V. 9 auf eine Wanderung zwischen zwei Mauern. Ab V. 10 werden die Bilder konkret: Wie ein Raubtier hat Jahwe den Mann überfallen, um ihn zu verwirren; wie ein Bogenschütze schoß er seine Pfeile auf ihn ab und machte ihn zur Zielscheibe des Spottes; wie ein falscher Gastgeber gibt er seinem hungrigen Gast bittere und harte Kost und eine Lagerstatt im Staub. Noch gewagter sind die folgenden Bilder: Jahwe verstieß ihn aus dem gesicherten Dasein in die Verzweiflung, so daß all sein Vertrauen auf Jahwe, »den Glanz Israels«, zerbrochen ist.

2. *Das Gebet (V. 19-21)*

Aus dieser Tiefe der Verzweiflung spricht der Beter: »Gedenk doch meiner Not und Unrast, des bitteren Wermuts!« Und er ist sich gewiß, daß ihn Jahwe selbst in dieser Tiefe der Verzweiflung sieht. Darum richtet sich sein Denken auf diese Gewißheit: Statt über seine Not zu grübeln, will er bei den Gründen der Hoffnung verweilen.

3. *Die Hoffnungsmotive (V. 22-39)*

Sie sind in V. 28 zusammengefaßt: »Die Gnaden Jahwes hören nicht auf, sein Erbarmen hat kein Ende«. Das ist die unumstößliche Bundestreue Jahwes, die so beständig ist wie die Naturordnung (V. 23; vgl. Jer 33,25f). Daher ist Jahwe der Anteil des Beters, auf den er seine Hoffnung setzen kann. Von V. 25-33 stützt sich die Begründung im Stil der Weisheitsliteratur auf die Leitung der göttlichen Vorsehung, die um einen Sinn des Leidens wissen muß. Denn nicht für immer dauert Gottes Gericht und nicht für immer »betrübt er die Menschenkinder«.

4. *Die kollektive Klage (V. 40-47)*

Unvermittelt tritt ein Wechsel in der Person ein: »Laßt uns unseren Wandel erforschen und prüfen und umkehren zu Jahwe!«. Dieser Wechsel ist öfters in den Psalmen festzustellen: In Ps 102 spricht zuerst ein einzelner von seinem Leiden, ab V. 13 spricht Zion (vgl. Ps 123; Ps 130; Ps 131). Jedenfalls fühlt der Dichter eine Ähnlichkeit zwischen seinem Leiden und der nationalen Not. Ein Israelit konnte eben nie sein »Heil« außerhalb der auserwählten Gemeinde erwarten. Die Gemeinde bekennt hier ihre Sünde und stellt fest, daß Jahwe noch nicht vergeben hat; darum erinnert sie sich an die Ereignisse: Gott, dessen Zorn schonungslos getötet hat, hält sich verborgen, ließ Schmach über das Volk kommen. Ein Bild von der Jagd schildert die Katastrophe des Jahres 586: in der Grube wird das Wild gefangen.

5. *Die Klage des Dichters über Jerusalem (V. 48-51)*

Es ist ein Leichenlied mit tränenreicher Trauer. Die Tochter des Volkes ist das Gottesvolk. Das ruhelose Klagen wendet sich an das Erbarmen Jahwes, daß er vom Himmel erbarmend niederschaue.

6. Die Klage des einzelnen (V. 52-55)

Mit einer Fülle von Bildern aus dem Bereich der Jagd wird die Klage des einzelnen wieder aufgenommen, um die Bedrängnis lebendig darzustellen, bis der Beter in V. 54 wie ein Ertrinkender ausruft: »Ich bin verloren!« und dann als Verlorener Jahwe anruft.

7. Das Danklied (V. 56-62)

Das Lied berichtet von der Erhörung aus Todesnot und vom Gefühl der Gottesnähe, da der Beter den Ruf vernimmt: »Fürchte dich nicht!« Nun weiß er, daß Jahwe in seinem Rechtsstreit mit den Feinden seine Sache als Richter in die Hand genommen hat und zu ihm steht, denn das Planen der Feinde dauert noch an.

8. Das Schlußgebet (V. 63-66)

Der Beter bekundet sein Vertrauen auf Jahwe, der als gerechter Richter seinen Knecht nicht preisgibt und den Feinden nach ihren Taten vergelten wird. Die Ereignisse um die Zerstörung Jerusalems waren nicht nur ein kollektives Erleben, sondern das persönliche Erlebnis eines jeden einzelnen Teilnehmers. Darum konnte das Klagelied des einzelnen auch beispielhaft sein für das kollektive Klagelied. Beide Gattungen konnten nicht nur nebeneinander stehen: sie konnten auch füreinander auftreten, wie es in diesem Lied der Fall ist.

Viertes Lied: Ach, wie glanzlos ist das Gold (Kapitel 4)

Der Aufbau dieses Liedes ist dem der zwei ersten ähnlich mit dem Unterschied, daß die alphabetischen Verse nicht drei-, sondern zweiteilig sind. Wieder sind zwei Teile erkennbar, die durch eine Zwischenstrophe (V. 11f) getrennt sind; den Abschluß bildet ein Orakel gegen Edom (V. 21-22).

1. Der erste Teil (V. 1-10)

Zwei Strophengruppen behandeln dasselbe Thema: Das Ende der Edlen und der Kinder.

In der ersten Gruppe (V. 1-5) wird das Thema durch das »Ach«

('ekâ) der Klagelieder eingeleitet und fortgesetzt mit dem Bild vom Gold, das nun glanzlos und entstellt daliegt. Das Bild wird weitergeführt, wenn Zions Söhne mit Feingold verglichen werden, nun aber wie irdene Töpfe verachtet sind. Dann wird das Sterben der Säuglinge in Erinnerung gebracht: Die wilden Schakale säugen ihre Jungen, aber die Mütter des Volkes waren unfähig, ihre Säuglinge zu stillen, so daß man sie mit dem grausamen Strauß vergleichen kann, von dem man glaubte, daß er seine Eier ungeschützt im Sande liegen lasse (vgl. Ijob 39,15f). Noch sieht der Dichter die Säuglinge, denen vor Durst die Zunge am Gaumen klebte, und die Kinder, die vergeblich nach Brot verlangten. Zum Schluß spricht er nochmals von den Vornehmen, die einst auserlesene Speisen bekamen, aber in der Katastrophe ums Leben kamen, die einst auf purpurnen Kissen lagerten, nun aber auf dem Abfallhaufen endeten.

Die zweite Gruppe (V. 6-10) nimmt das gleiche Thema wieder auf, beginnt aber mit dem Hinweis auf die Schuld Jerusalems, die größer ist als die Schuld der Stadt Sodom, die ein plötzliches Gericht erlebte, während Jerusalem langsam zugrunde gerichtet wurde. In V. 7-8 ist wieder vom Schicksal der Jünglinge (Korrektur für das hebräische »Nasiräer«) die Rede. Der »Glanz der Söhne Zions« wird nach ihrem Aussehen überschwenglich geschildert: Weißer als Schnee, rosiger als Korallen, glänzend wie Edelsteine. Darauf folgt das Gegenbild der Katastrophe: Schwärzer als Ruß, runzlig die Haut, ein abgemagertes Gerippe. In V. 9 werden die vom Schwert Erschlagenen glücklicher gepriesen als die Opfer des Hungertodes. Der Abgrund der Not wird in V. 10 sichtbar: Die Mütter essen sogar ihre eigenen Kinder.

2. Die Zwischenstrophe (V. 11f)

Die Verse bieten die theologische Erklärung für die unfaßbare Katastrophe Zions: Der Zorn Jahwes ist es, der den Brand entzündete, den Nebusaradan im Tempelbezirk anlegen ließ, wo doch alle Könige der Erde und die Bewohner der Welt nicht »geglaubt« hätten, daß man Jerusalem erobern kann.

3. Der zweite Teil (V. 13-22)

Die Frage nach der Schuld wird gestellt und wieder das Bild vom Ende der Stadt beschworen. Die erste Strophengruppe (V. 13-16) beantwortet die Frage nach der Schuld mit dem Hinweis auf die Propheten und Priester, die nicht nur das Volk in einer falschen Sicherheit wiegten, sondern sich selbst durch Verbrechen schuldig machten. Verstoßen wie unreine Aussätzige wandelten ihre blutbesudelten Opfer in den Straßen Jerusalems. Vielleicht sind die »Verräter« jene, die dem Rat des Jeremia sich zu ergeben Folge leisten wollten, diese Opfer des Blutgerichtes. Aber Jahwe hat dieses Urteil an Priestern und Propheten selbst vollstreckt und sie zerstreut.

Die zweite Gruppe (V. 17-20) erinnert an die letzten Zustände der belagerten Stadt: Das sehnsüchtige Ausschauen nach ägyptischer Hilfe, die nicht kam, die Unsicherheit der Straßen und Plätze, die schon im Schußbereich der Feinde lagen. Sogar die Fluchtversuche in das benachbarte Edom waren erfolglos, denn schneller als die Adler waren die Verfolger, wie es besonders König Zidkija, der Gesalbte Jahwes, erfahren mußte. Dabei hatte man die Hoffnung genährt, in seinem Schutz unter den Völkern leben zu können. Mit ihm ist das ganze Volk in die Gruben des Feindes geraten, das heißt in Gefangenschaft.

Die Schlußstrophe (V. 21f) ist ein Fluchspruch gegen das hinterlistige Nachbarvolk Edom, das Jerusalem in der Zeit der großen Not im Stich ließ. Ironisch wird es zum Jubel aufgerufen, weil der Schicksalsbecher auch zu ihm kommt und sich in der Schmach der Entblößung auswirkt. Während die anderen Lieder kein Heil verkünden, wird hier die Zusage gemacht, daß es keine weitere Deportation mehr geben wird. Da nach Jer 52,28ff die letzte Deportation im Jahre 581 stattfand, dürfte zumindest diese Schlußstrophe nach dieser Zeit entstanden sein.

Fünftes Lied: Gedenke, Jahwe, was uns geschehen ist (Kapitel 5)

Im Gegensatz zu den vorhergehenden Liedern ist das fünfte nicht alphabetisch. Der Aufbau läßt sich inhaltlich gut bestimmen. Nach einer Einleitung (V. 1) schildert der Dichter die Notlage des Volkes (V. 2-18) und schließt ab mit einem bittenden Aufruf an Jahwe (V. 19-22).

1. Die Einleitung (V. 1)

Mit der eindringlichen Bitte an Jahwe, er möge der Not seines Volkes gedenken, beginnt das Lied. Denn manchmal verschließt sich Gott dem Menschen so, daß dieser glauben kann, er wäre von ihm vergessen. Tatsächlich rechtfertigt die unerträgliche Schmach des auserwählten Volkes die Bitte, daß nun Jahwe einschreiten möge.

2. Die Schilderung der Not (V. 2-12)

Konkret wird die Not, das »was uns geschehen ist« geschildert. Das Erbe, das von Gott gegebene Land, ist Fremden in die Hände gefallen, und Barbaren haben die Bewohner aus ihren Häusern vertrieben. Selbst den bösen Nachbarstaaten war die hilflose Bevölkerung ausgeliefert. Da die Männer meist gefallen oder verschleppt wurden, sind die Übrigggebliebenen schutzlos wie Waisen und Witwen. Als Besatzungskosten müssen sie Steuern für die Benutzung von Quellen und Brunnen bezahlen und alles Holz einkaufen. Unerbittliche Frondienste, die wie ein Joch drücken, müssen geleistet werden.
Darauf folgt das Bekenntnis der Schuld. Anspielend auf die von den Propheten verurteilte Bündnispolitik heißt es: Ägypten und Assur »reichten wir die Hände« (vgl. Hos 7,11; 11,5; Jer 2,18.25), weil die Vorteile der Wirtschaftspolitik über die Pflichten des Gottesbundes gestellt wurden. Das war die Schuld der Väter, und die Nachkommen haben noch die Folgen zu tragen.
Nach diesem Schuldbekenntnis wird die Schilderung der Not wieder aufgenommen. »Sklaven« herrschen über das auserwählte Volk. Es sind die untergeordneten Beamten der Besatzungsmacht gemeint oder gar die Söldner des babylonischen Heeres. Es besteht auch keine Aussicht auf eine Wendung. Unter Lebensgefahr muß die Ernte eingeholt werden, stets bedroht durch das Schwert der Beduinen (vgl. 2 Kön 13,21), denn man war nicht in der Lage, ihre Übergriffe abzuschlagen. Darum quält das Fieber die Hungernden. Ihre Frauen und Mädchen waren den Ausschreitungen der fremden Truppen ausgeliefert, hohe Beamte wurden gehängt und Älteste entehrt. Es war auch eine unsägliche Schmach, daß junge Männer die Handmühlen betätigen und Kinder schwere Holzlasten herbeischleppen mußten. Das öffentliche Leben ist zu Ende: Die Ältesten versammeln sich nicht mehr am Tor, um den Verhandlungen und Vertragsabschlüssen vorzustehen; die

Jungen spielen nicht mehr ihre Musikinstrumente; Angst und Klage sind an Stelle von Freude und Tanz getreten. Da nun die Krone vom Haupt gefallen ist, bleibt nur noch der Ruf: »Weh uns, daß wir gesündigt haben!« Mit diesem Bekenntnis erklärt sich die junge Generation mit der Schuld der Väter solidarisch (vgl. V. 6f). Das »Darum« in V. 17 weist auf V. 18 hin: Trauer und Klage gelten letztlich der Verwüstung des Berges Zion, also des Heiligtums, in dessen Trümmern die Schakale hausen.

3. *Die Schlußstrophe*

Die letzte Strophe beginnt mit einer hymnischen Anrede Jahwes, der als König ewig thront und dem nun die Bitte vorgetragen wird. Diese wird, wie öfters in den Psalmen (vgl. Ps 13,2; 22,2; 79,5), durch eine Frage eingeleitet: »Warum willst du uns für immer vergessen?«, das heißt uns das Gefühl geben, von dir verstoßen zu sein. Um dieses Gefühl loszuwerden, verlangt die Bitte, daß Jahwe sein Volk umkehren läßt, denn Umkehr ist Gnade: »Laß uns zurückkehren zu dir, Jahwe, daß wir umkehren« und unser Leben ganz erneuert wird. Denn es kann nicht sein, daß Jahwe unwiderruflich verstößt.

Die Klagelieder und der Leser von heute

Die Klagelieder sind ein Zeugnis für die geistige Höhe, von der aus Israel die größte Katastrophe seiner Geschichte betrachtet und beurteilt hat. Staunenswert ist der unbeirrbare Glaube an die Fortdauer des Heilsplans Gottes für das Volk: Die bitteren Klagen sind der Ausdruck eines sich läuternden Glaubens und einer beispielhaften Reue. Das sind die bleibenden Werte, die sich auch der Christ aneignen kann. Schließlich wissen wir, daß die Kirche mit diesen Liedern das Leiden Christi in der Karwoche beklagt, und ihr unerschütterliches Vertrauen in den Heilsplan Gottes, in der Auferstehung Jesu, zum Ausdruck bringt.

DAS BUCH BARUCH

Buße und Trauer der Verbannten

Einleitung

1. *Das Buch und sein Inhalt*

Das Buch Baruch besteht aus einer Sammlung verschiedener Schriften, die dem Propheten Jeremia und seinem Sekretär Baruch zugeschrieben werden. Es gehört zu den sogenannten deuterokanonischen Büchern, das heißt zu den alttestamentlichen Büchern, die erst von der Kirche in das Verzeichnis der Heiligen Schriften aufgenommen wurden. Sie fehlen in der hebräischen Bibel. In der griechischen Übersetzung des Alten Testaments, der Septuaginta, steht das Buch Baruch zwischen dem Buch Jeremia und dem Buch der Klagelieder, auf das der Brief des Jeremia folgt. In der lateinischen Übersetzung, der Vulgata, ist der Brief als sechstes Kapitel dem Buch Baruch angeschlossen, das nach dem Buch der Klagelieder steht.
Literarisch gesehen enthält das Buch verschiedene Einheiten, die sich deutlich voneinander abheben:

a) Eine erzählende Einleitung (1,1-14)
führt zurück in das Jahr 581, da Baruch, der im Jahre 586 mit Jeremia nach Ägypten ausgewandert war (Jer 43,6f), nun vor den Verbannten in Babel ein Buch vorlas. Daraufhin wird eine Sammlung veranstaltet, die Baruch mit den wiedergewonnenen Gefäßen des Tempels nach Jerusalem bringen soll. Ein Brief der Verbannten erklärt den Juden Jerusalems ihre politische und geistige Haltung und enthält ein Gebet, das in Jerusalem verrichtet werden soll. Selbst diese Einleitung ist nicht einheitlich. Man hat den Eindruck, daß ein Redaktor zwei Einleitungen verschmolzen hat, deren erste »Worte des Baruch« einführte, die in 3,4-4,4 enthalten sein könnten, die zweite aber eine Einführung zu einem Gebet der Verbannten bildete, das in 1,15-3,8 wiedergegeben ist. Verschiedene zeitliche Angaben weisen auf eine Entstehung in späterer Zeit hin, vielleicht in die der Makkabäer, Mitte des zweiten Jahrhunderts vor Christus.

b) Das Gebet der Verbannten (1,15-3,8)
ist im liturgischen Stil geschrieben. Es dürfte für den Gottesdienst in den Synagogen verfaßt sein und setzt ein hebräisches Original voraus.

c) Die Weisheitsschrift (3,9-4,4)

identifiziert Weisheit und Gesetz, wie Sir 24,23. Die Zeit des Jesus Sirach dürfte als Entstehungszeit in Frage kommen. Auch dieses Stück setzt ein hebräisches Original voraus.

d) Die prophetische Mahnschrift (4,5-5,9)

spiegelt die Erwartungen des Deuterojesaja wider. Bar 5,5ff ist offensichtlich mit Psalm Salomos 11,3ff in Verbindung zu bringen.

e) Der Brief des Jeremia (6,1-72)

ist eine apologetische Schrift gegen die Götterbilder im Stil von Jer 10,1-16 und Jes 44,9-20. Er spiegelt babylonische Kultverhältnisse einer späteren Zeit wider. Möglicherweise spielt 2 Makk 2,1-3 auf diese Schrift an.

2. *Die Verfasserfrage*

Das Buch nennt 1,1 Baruch als Verfasser von Bar 1-5 und 6,1 Jeremia als Verfasser des Briefes in Kapitel 6. Doch der Inhalt der verschiedenen Einheiten weist eher auf eine spätere Zeit. Wir haben schon oben darauf hingewiesen, daß die Einleitung aus Einführungen zum Gebet und zu den Weisheitssprüchen zusammengestellt zu sein scheint. Zudem hätte Baruch als Zeitgenosse keine falschen Zeitangaben niedergeschrieben. Der Redaktor kann also erst in späterer Zeit, vielleicht der Makkabäerzeit, diese Einleitung verfaßt haben.

Die beiden folgenden Einheiten sind dann folgerichtig etwas älter. Der liturgische Stil des Gebetes erinnert an Neh 9 und Dan 9. Hier wie dort ist die Rede von der nationalen Sünde und Strafe, während der Weisheitstext Sirach nahesteht, insbesondere darin, daß das Gesetz (Thora) Weisheit ist, daß man von einer Auferstehung nichts weiß und den alten Begriff von der Unterwelt hat. Die Abfassungszeit dürfte das zweite Jahrhundert vor Christus sein.

Der mahnende Teil will die Verbannten aufmuntern. Er bekämpft den babylonischen Einfluß und spricht wie Deuterojesaja messianische Erwartungen aus. Sollte aber Bar 5,5ff von PsSal 11,3ff abhängig sein und nicht umgekehrt, dann wäre die Verfasserzeit um die Mitte des ersten Jahrhunderts vor Christus anzusetzen. Auch der Brief des Jeremia setzt eine viel spätere Zeit voraus als die des beginnenden

Exils. Die Festsetzung der Dauer des Exils auf sieben Generationen (6,2) und die Andeutung in 2 Makk 2,1-3 weisen auf die griechische Zeit hin.

Daß der Redaktor des Buches die gesammelten Schriften einem älteren Schriftsteller zuschreibt, entspricht einer literarischen Mode seiner Zeit (vgl. das Buch der Weisheit Salomos!). Da es in diesen Schriften hauptsächlich um die Katastrophe des Jahres 586 geht, konnten ihnen nur die Namen Baruch und Jeremia die gewünschte Autorität verleihen, weil ihre Träger die einzigen waren, die daran unmittelbar beteiligt waren und Schriftliches hinterlassen hatten.

3. Die Einheit des Buches

Aus dem Gesagten ist ersichtlich, daß das Buch Baruch nur eine künstliche Einheit bildet. Der Eindruck einer Einheit wird dadurch gefördert, daß alle Texte die jüdische Gemeinde des Exils anreden. Gerade darin liegt auch der besondere Wert dieses Buches, denn, abgesehen vom Buch Tobias, haben wir wenig Berichte in der Bibel über die Juden in der Diaspora. Dafür bietet Baruch einen Ersatz. Er gibt Auskunft über das religiöse Leben in Babel und läßt uns verstehen, wieso das Judentum in der heidnischen Umwelt nicht unterging. Da ist zuerst die lebendige Verbindung mit der Heimat. Das Gebet in der Synagoge hat die Erinnerung an die Geschichte Israels wachgehalten, ebenso das Lesen der Heiligen Schriften, besonders des Deuteronomium, des Jeremia und Deuterojesaja. Mit einer außergewöhnlichen Hochschätzung des Gesetzes wurde eine loyale Haltung gegenüber dem Staat verbunden. Von nicht geringer Bedeutung sind auch die messianischen Erwartungen, die Israel in Spannung hielten, und die radikale Abwendung vom Kult der Götterbilder.

I. Die Einleitung: Baruch und die jüdische Gemeinde in Babel (1,1-14)

Die Überschrift des Buches (1,1-2) datiert es auf den fünften Jahresgedenktag der Zerstörung Jerusalems (d. h. in das Jahr 581). Sach 7,3 berichtet, daß dieser Gedenktag in Palästina begangen wurde. Das wird auch der Fall im Exil gewesen sein. Eine Versammlung der Gemeinde, anläßlich dieses Gedenktages, gab Baruch Gelegenheit, sein

Buch vorzulesen, in Anwesenheit des verbannten Königs Jojachin (Jechonja), des Sohnes Jojakims. Der Versammlung wohnten die ganze königliche Familie, der Hofstaat, das ganze Volk, das am Flusse Sud angesiedelt war, bei. Man weinte, fastete und betete. Danach wurde eine Sammlung veranstaltet und der Erlös an die Gemeinde Jerusalems gesandt, der ein Unterpriester namens Jojakim vorstand, der nicht in die Gefangenschaft geführt worden war (vgl. 2 Kön 25,18). Baruch hatte schon vorher die geraubten Tempelgefäße erhalten, um sie nach Jerusalem zu bringen. Es dürfte kaum zutreffen, daß schon Nebukadnezzar die Rückgabe der Gefäße gestattet hat. Zuverlässiger und der politischen Haltung des persischen Königs entsprechend ist der Bericht der Geschichtsbücher über eine Zurückerstattung unter Cyrus (Esr 1,7-11). Es folgt der Begleitbrief, der sich allerdings wieder nur auf den Erlös der Kollekte bezieht. Diese ist für eine Opferfeier auf dem Altar des Herrn bestimmt, mit Gebeten für Nebukadnezzar und seinen Sohn Beltschazzar. Diese Angaben scheint der Verfasser (oder der Redaktor) Dan 5,2 entnommen zu haben, denn Beltschazzar war der Sohn des Nabonid, den Cyrus entthronte. Auch für die Gemeinde wird ein Gebet verlangt, als Bekenntnis der nationalen Schuld. Endlich soll das Buch des Baruch am Tag des Festes, am Laubhüttenfest (vgl. Ex 23,14) und an Versammlungstagen (am ersten und achten Tag des Festes; vgl. Lev 23,35f) vorgelesen werden.

II. Das Gebet der Verbannten (1,15-3,8)

Das Gebet, das die Verbannten nach Jerusalem sandten, ist dem Gebet des Daniel aufs engste verwandt (Dan 9,7-19). In ihm dürfte daher ein liturgisches Gebet der Synagoge in der Verbannung überliefert sein. Es enthält ein Sündenbekenntnis und eine Bitte um die Befreiung aus dem Exil.

1. Das Sündenbekenntnis (1,15-2,10; vgl. Dan 9,7-14)

Es besteht aus zwei Teilen. Zuerst wird die Schuld anerkannt (1, 15-22), nicht nur der gegenwärtigen Generation, sondern auch der Vorfahren. Als erschwerendes Moment wird die klare Strafandrohung für den Abfall von Anfang an (vgl. Lev 26; Dtn 28) und die warnende Stimme des Propheten (vgl. Jer 9,12; 11,3ff; 26,4f) angeführt. Dann wird die Erfüllung der Strafandrohung in der Zerstörung Jerusalems gesehen (2,1-10). Die Katastrophe ist beispiellos in der Weltgeschichte, da die eigenen Kinder verspeist wurden, so daß Israel zum Spott und zum Fluch für die Völker wurde. Beide Teile gipfeln im Bekenntnis, daß die Strafe gerecht ist: Gott, dem Herrn, bleibt die Gerechtigkeit, uns aber die Schamröte im Angesicht. Dieses Motto steht als Überschrift über dem ersten Teil und ist Schlußfolgerung des zweiten Teiles, in dem die Gerechtigkeit der Strafe nochmals mit der Weigerung, auf die Stimme Gottes zu hören, begründet wird.

2. *Das Bittgebet (2,11-3,8)*

Es gipfelt in der Bitte um die Befreiung aus dem Exil (3,1-8) und wird damit begründet, daß Gott es seiner Ehre schuldig ist, für Israel einzutreten (2,1-18; vgl. Dan 9,15-19). Sicher hat Israel kein Recht auf das Erbarmen Gottes (2,19-26), aber es besitzt die Verheißungen der Umkehr und Heimkehr (2,27-35).

Der Appell an die Ehre Gottes erinnert an die Machterweise Gottes beim Auszug aus Ägypten. Da nach dem gerechten Gericht nur noch ein Rest des Volkes übrig geblieben ist, muß Gott sein Erbarmen an diesem Rest zeigen, damit die Heiden seine Macht erkennen. Denn stirbt Israel dahin, sterben auch Gottes Anbeter, da die Toten Gott nicht mehr preisen. Das ist ein oft wiederholtes Motiv im Gebet des Alten Testaments (vgl. Ps 6,6; 30,10; 115,17; Jes 38,18; Sir 17,28), das den Auferstehungsglauben der Makkabäerzeit noch nicht kennt. Dagegen preist das lebende Israel in seinem elenden Zustand immer noch die Ehre und Gerechtigkeit Gottes.

Allerdings hat Israel keinen Rechtsanspruch auf das Erbarmen, weil das Volk auf die prophetische Weisung, sich dem König von Babel zu unterwerfen, nicht gehört hat. Das Zitat V. 21ff vereinigt Jer 27,12 und 7,34. Auch die Erfüllung der Strafandrohung wird mit Jeremiazitaten beschrieben (V. 24 = Jer 8,1; V. 25 = Jer 36,30 und 38,2). Die Verheißungen Gottes sind eine Zusammenstellung aus Lev 39,45 und Dtn 30,1-10: Dieses große Volk wird zu einem kleinen Häuflein unter den Völkern werden, dann wird es sich bekehren und wieder heimkehren und Gott wird mit ihm einen neuen Bund schließen: *»Ich will ihr Gott sein und sie sollen mein Volk sein«*. Der erste und der zweite Teil der Verheißung sind schon Wirklichkeit geworden, der dritte ist Gegenstand des nun folgenden Gebetes, der vierte ist eine Zukunftserwartung, die sich an Jer 31,31ff ausrichtet. Die Bitte um Befreiung aus dem Exil (3,1-8) sammelt nochmals alle Motive, um Gott zum Erbarmen zu bewegen. Die im Exil geläuterte Gemeinde hat die Ursache des Verstoßenseins entfernt; nun möge Gott seine Verheißung erfüllen und das Volk zurückführen.

III. Das Gedicht auf die Weisheit (3,9-4,4)

In diesem Lehrgedicht wird Israel aufgefordert, zur Quelle seines Glücks, das heißt zur »Weisheit«, die hier mit dem »Gesetz« identisch ist, zurückzukehren. Das Gedicht ist mit hymnischen Motiven durchzogen und erinnert an Ijob 28 sowie an den ersten Teil des Buches der Sprüche. Es hat drei Teile.

1. Der erste Teil (3,9-15)

Hier wird Israel mitgeteilt, daß es Unheil erfahren mußte, weil es die Quelle der Weisheit verlassen hatte. Fest steht der Grundsatz: Weisheit führt zum Glück. Nun aber ist Israel unrein und hoffnungslos in der Fremde wie die Toten in der Unterwelt. Denn es hat die Quelle der Weisheit, Gott selbst, verlassen. Will es heil werden, muß es wieder nach Weisheit suchen. Wer aber kann sagen, wo sie zu finden ist? In Nachahmung von Ijob 28,12-28 wird im zweiten Teil die Antwort negativ und im dritten Teil positiv gegeben.

2. Die negative Antwort (3,16-31)

Sie heißt: Von sich aus findet kein Mensch zur Weisheit. Nicht einmal die Fürsten mit ihrer Macht und ihrem Reichtum. Auch die Künstler kamen und gingen, ohne Weisheit mitzuteilen. Viele Völker waren berühmt dafür, daß sie nach Weisheit forschten (aufgezählt werden die Ismaeliter, die Midianiter, die Kaufleute von Teman). Aber den Weg zur Weisheit fanden sie nicht. Sogar die Riesen (vgl. Gen 6,4) fanden ihn nicht, denn sie gingen in der Flut zugrunde. Wenn der Mensch die ganze Schöpfung durchwandert, er findet die Weisheit nicht.

3. Die positive Antwort (3,32-4,4)

Gott allein besitzt die Weisheit und er hat sie Israel im Gesetz geoffenbart. So kam sie unter die Menschen (V. 36ff). Konkret ist sie nichts anderes als das Gesetz. Um Heil und Glück zu erlangen, muß Israel das Gesetz wieder beobachten.

IV. Jerusalems Klage und Hoffnung (4,5-5,9)

Die zweite Dichtung des Buches enthält verschiedene Trost- und Klagelieder. Nach einer Einleitung (4,5-9a) wendet sich Jerusalem in den ersten zwei Gedichten zuerst an seine Nachbarstädte (4,9b-16), dann an seine Kinder in der Zerstreuung (4,17-29); darauf antwortet der Dichter mit einer Ankündigung der messianischen Erneuerung (4,30-5,9).

1. Die Einleitung (4,5-9a)

Zu Beginn steht ein Trostwort an das Volk, das von Gott den Ehrennamen »Israel« erhalten hat. Wenn es auch den Heiden ausgeliefert wurde, bedeutet dies dennoch nicht Vernichtung, sondern Sühne und Läuterung für die Sünden, die ein Abfall von Gott, dem Vater, waren und der Nährmutter Jerusalem soviel Schaden zugefügt haben.

2. Hört, ihr Nachbarn Zions (4,9b-16)

Die Nachbarn sind die Nachbarstädte, denen Zion das Leid klagt, das sie zur einsamen Witwe machte. Das Bild ist aus Klgl 1,1 bekannt. Zion bittet nun um Anteilnahme am Schmerz, da sie ihre Kinder durch die Verbannung verloren hat, weil sie ihrem Gott untreu waren. Vom Volk aus der Ferne spricht auch Jer 5,15, aber die Beschreibung lehnt sich enger an Dtn 28,49f.

3. Ich aber, wie kann ich euch helfen (4,17-29)

Mit dieser Frage wendet sich Jerusalem an ihre Kinder, die ihr durch die Gefangenschaft entrissen wurden. Helfen kann nur Gott, der die Strafe verhängt hat. Der zurückgelassenen Mutter bleiben nur Trauer und Gebet (V. 17-19). Aber sie weiß: »Der Heilige Israels« (vgl. Jes 54,7) wird die Trauer seines Volkes in Freude verwandeln und wie die Nachbarn Zuschauer der Wegführung waren, werden sie bald den Umschwung sehen, daß die Sieger zu Besiegten und die Besiegten zu Siegern werden (V. 20-26). Darum ruft Jerusalem ihre Kinder zum Vertrauen auf, um durch zehnfachen Eifer den Tag des Umschwungs zu beschleunigen (V. 27ff).

4. Hab Vertrauen, Jerusalem (4,30-5,9)

Nun ruft der Dichter selbst Jerusalem zum Vertrauen auf. Hat ihr nicht Gott die Namen gegeben, die sie zu seiner eigenen Stadt gemacht haben? (vgl. Ps 46,5; Jes 60,14). Darum wird das Verderben, das über die Kinder Jerusalems gebracht wurde, über jene kommen, die es verursachten. Mit dem Ruf: »Wende deinen Blick nach Osten« verspricht er eine glorreiche Heimkehr, die in 4,36-5,4 beschrieben wird.

Vor den Augen der Mutter malt der Dichter den großen Zug aus: Aus allen Himmelsrichtungen strömen die Kinder der Zerstreuung herbei. Wie Jes 52,1 fordert er Jerusalem auf, die Kleider der Trauer abzulegen und Prachtkleider der Freude anzuziehen, die hier »Schmuck der Gottesherrlichkeit« genannt werden. Gott will diese Herrlichkeit aller Welt offenbaren und ihr in neuen Ehrennamen Ausdruck geben: *»Friede der Gerechtigkeit«* und *»Ruhm der Gottesfurcht«*. Im Sprachgebrauch der Propheten ist diese Namensgebung eine Ankündigung der messianischen Zeit für Jerusalem (vgl. Jes 1,26; 62,4; Jer 33,16; Ez 48,35).

Wiederum fordert der Dichter Jerusalem auf, sich die Heimkehr der Kinder anzusehen: Sie sind in Freude, weil Gott an sie gedacht hat; während sie wie Sklaven zu Fuß weggingen, kehren sie wie Königskinder zurück; für sie wird Gott die Berge und Hügel abtragen und die Täler auffüllen lassen, damit Israel sicher unter dem Schutz Gottes dahinziehen kann (vgl. Jes 40,4). So wird der Wüstenweg der Heimkehr zu einer Triumphstraße, gleich jenen Prozessionsstraßen Babels, auf denen die Götter dem Volk gezeigt wurden: duftende Bäume spenden Schatten, denn Gott selbst führt die Verbannten in die Heimat.

V. Der Brief des Jeremia (6,1-72)

1. *Die Überschrift und die Einleitung (6,1-6)*

Die Überschrift stellt dieses Kapitel als einen Brief des Propheten Jeremia vor, den dieser an die Verbannten in Babel gerichtet habe. Die Einleitung vermerkt den Zweck der Schrift, die Verbannten vor dem Einfluß der babylonischen Götterkulte zu schützen. Insbesondere wird auf die babylonischen Prozessionen hingewiesen; denn diese sollten die Macht und die Majestät der Götter darstellen und verfehlten es sicher nicht, eine imponierende Wirkung auszuüben. Aber auch in der Fremde begleitet der Engel Gottes die Juden und ahndet jeden Abfall vom Glauben.

2. *Die Beweisführung (6,7-72)*

In zehn Abschnitten wird die Ohnmacht der Götter unter Beweis gestellt, denn alle schließen ab mit dem Motto: *»Daraus ist zu erkennen, daß sie keine Götter sind«*.

V. 7-14

Die Götter sind nur Gebilde, von Menschenhand verfertigt, und wie eitle Mädchen herausgeputzt. Dabei werden die gestifteten Kostbarkeiten den Tempeldirnen geschenkt. Selbst Zepter und Waffen in ihren Händen haben keine Wirkung: sie sind also keine Götter.

V. 15-22

Die Götter sind nutzlos wie ein zerbrochenes Gefäß. Sie müssen durch hohe Mauern, wie zum Tod Verurteilte, vor Dieben geschützt werden. Wie die Balken des Tempels sind sie wohl mit Gold überzogen, aber ihr Inneres wird vom Gewürm zerfressen. Staub und Ruß setzt sich an ihnen fest; Fledermäuse, Vögel und Katzen lassen sich auf ihnen nieder: Götter, die sich nicht wehren können, sind keine Götter.

V. 23-28

Die Götter sind hilflos und gefühllos. Der Grünspan muß weggeputzt werden. Wo sie hingetragen und aufgestellt werden, da bleiben sie. Die Opfergaben nützen ihnen nicht, werden aber von ihren Priestern gewinnsüchtig verschachert, während die Armen leer ausgehen. Sie können auch von Unreinen straflos berührt werden. All das ist nach jüdischen Begriffen (vgl. Lev 7,16f und 12,4; 15,19f) ein Greuel. Sie können keine Götter sein.

V. 29-39

Nicht nur die Frauen im Götzendienst machen den Kult verächtlich, sondern auch die kultischen Sitten (geschorene Bärte, keine Kopfbedeckung, das Heulen wie bei einem Begräbnis). Die Priester bekleiden sich mit den Gewändern der Götter. Diese aber können weder geben noch nehmen, sie können weder hören noch erhören: Wer etwas von ihnen erwartet, der wird sicher beschämt.

V. 40-44

Die Chaldäer beschwören die Kranken vor Bel, obwohl dieser nicht helfen kann. Besonders werden die Götter durch die religiöse Prostitution verunehrt, wie auch Herodot, ein griechischer Geschichtsschreiber (I, 199), berichtet. Die Schnur um den Kopf ist ein Zeichen, daß das gemachte Gelübde, die Keuschheit zu opfern, noch nicht erfüllt ist. Die Kleie scheint ein erotisches Mittel zu sein. Götter, die eine solche Unzucht verlangen, sind keine Götter.

V. 45-51

Die Götter sind das Werk von Künstlern, daher sind sie vergänglich wie sie. Wenn dann Krieg und Katastrophen hereinbrechen und sie nicht helfen können, dann wird man erkennen, daß sie keine Götter sind.

V. 52-56

Man schreibt ihnen eine Macht zu, die eigentlich nur Gott gehört (Königtum, Regen, Recht), obwohl man weiß, daß sie hilflos sind und sich nicht selbst vor Königen und Feinden schützen können.

V. 57-64

Die Götter sind auch machtlos gegen Diebe und bringen den Menschen keinen Nutzen. Die Gestirne sind schön und nutzbringend, aber die Götter, die als Gestirne verehrt werden, sind weder schön noch nutzbringend.

V. 65-68
Die Götter können weder segnen noch fluchen. Sie können auch keine Zeichen am Himmel erscheinen lassen.

V. 69-72
Die Götter gleichen einer Vogelscheuche im Gurkenfeld (vgl. Jer 10,5). Sie sind gefühllos wie eine Dornenhecke oder wie ein Leichnam. Alles an ihnen vermodert. *»Es ist also besser, wenn ein Mensch gerecht ist und keine Götzenbilder hat, denn die Schande bleibt ihm erspart.«*

Stellenregister für das Buch Jeremia